戦略としての人智学

高橋巖
笠井叡

対話

現代思潮新社

戦略としての人智学／目次

戦略としての人智学 I ……………… 7

戦略としての人智学

高橋巖
笠井叡
対話

戦略としての人智学　I

ヨアキム主義

笠井　叡　これからの対話でいちばん大切な部分は、人智学[*1]が社会との接点をどのようにつくっていくかということと、それに対する具体的な関わりと理念的な関わりの両方の部分だと思います。おそらく今私たちが生きている時代は、ものすごく大きな時代の転換の時だと思うのです。そこで今日はわれわれがお互いに今の時代をどう捉えているのかということ、そして何が一番の問題で、それに対してどのような方向づけなり、あるいは時代に対してわれわれが改めてどのような関わりができるか？　このことを高橋巖さんとお話しできればと思っています。

まず、人智学が、高橋さんの仕事を通して日本に急速に入ってきたのは、一九七〇年代前後のことだと思うのですが、そのころの日本の状況と、それから三五年から四〇年近く経った現在の日本のあり方は、本当にすっかり変わってしまいました。その大きな経済的な変化と、また文化的な意味では七〇年代当時にはまだなかった情報文化というものが、世界全体を覆い尽くしました。当然そのような文化的違いの中において、人智学という精神運動のあり方にも、大きな質的な変化があったと思うのです。そのような時代における人智学や神秘学の方向づけについてお話しできればと思います。
まず高橋さんにとって、このような時代の変化の中で一番変わったとお思いになるのは、何でしょうか？

高橋　巖　今、お話を聴いていて、一九七〇年代から三〇年以上経った現在までの間に、時代が大きく変わってきた、と改めて思います。その中で特に大きく変わった点は、何といっても格差が社会の中で目立ってきたことではないでしょうか。それと同時に七〇年代にはまだ思想が社会の中で大きな意味をもっていました。それがだんだん溶けて流動的になって、今は全体にぼやけて、なにが問題なのかも見えなくなってきたような気がします。どうでしょう？

笠井　私がそのような流れの中で生きてきて、今のような変化は過去になかったように思えるのです。いわゆる六〇年安保とか学生運動も、ある意味では大きな変化だったのですが。六〇年代というのは、戦後、アメリカから入ってきた民主主義の流れの中で、日本古来のものがだんだんと見失われていった感じがします。
六〇年代の在りようは、「本来の日本のアイデンティティーとは一体何なのか？」という問題が意識されていたと思います。たとえば学生運動なんかは、その焦点のように思うのですが。そういう意味では、日本には日本なりの、あるいは、ヨーロッパならヨーロッパなりの、アメリカならアメリカなりの、ある地域の中での文化的なイニシアティヴを語る時代だったのかもしれません。

今の時代というのはそれを遥かに超えてしまって、まあ大げさに言うなら、全人類的・全歴史的な大きな転換期のような気がします。

高橋　ええ、本当にそう思います。かつての封建時代から資本主義社会への移行に匹敵するくらいの決定的な変化が今始まりつつあって、その流れの方向が今やっと見えつつあるような感じがします。つまりシュタイナーの言う「技術と産業と営利主義の支配」に危機感を持って、新しい価値観を模索しているところだと思います。

七〇年代の初めの頃は、イデオロギーならイデオロギーとしての、はっきりとした価値観があったと思います。今はそういう右翼と左翼の在り方さえ、疑わしくなってしまいました。

笠井　確かに六〇年代というのは、いろいろなイデオロギーが出たと思います。マルクーゼの理論があったり、反キリスト教的な考え方があったり、あるいはそれぞれの民族主義的な思想の展開があって、例えば、それまでほとんど顧みられなかった近代の神道運動とは一体何なのかというような、あらゆる意味での見直しがなされた時代だったと思います。

しかし、今はそういった時代ではない。つまりイデオロギーの時代ではない。もっと人間の核心に迫って、何かを変えなくてはいけない。表面や中間の層ではなく、人間の最も深いところを変えていかなければならない時代だと思います。

今、政権が自民党から民主党に変わりましたけれども、これも、ある意味非常に表面的なことで、おそらく人間ひとりひとりが人間の核心のところから見直して行かなければいけない問題なのだと思います。あるひとつの括られた運動体の中ではなく、ほんとうにひとりひとりの個人の中でやらなければいけない問題だと感じます。

高橋さんが「ヨアキム主義[*2]」と関連して、「個体主義[*3]」という言葉を最初に言われたのが『神秘学序説』(イザラ書房、一九七五年)の中だったと思いますが、この言葉は当時の日本ではまだそれほど言われていませんでした。また「ヨアキム主義」も当時の日本では、まだそれほど知られていませんでした。私がヨアキム主義と個体主義について読んだのは、この時が初めてでした。

私の感じではあの思想は、七〇年代という時代に個体主義というものを、生きた形でひとりひとりの人間の中に降ろすというよりも、まだ個体主義の在り方そのものを模索していたように思えます。しかし今の時代は、個体主義そのものが本当に生かされないと、歴史も生きない感じがします。

高橋　そうですね。今の笠井さんの言葉を言い換えると、七〇年代・八〇年代はまだ「神話」が生きていたとも言えると思います。今の時代では、神話に対するある種の期待とか信頼とか、あるいは信仰が消えてしまっているような感じがするのですが。

笠井　その神話というのは、具体的に、例えば「日本神話」とか、天皇制とか、そういう意味の神話でしょうか？

高橋　ええ、日本神話も含めてです。神話とは言わなくても、市民生活とは別のところになにか光り輝いている世界があって、そこへ向かって歩いていけるような、そんなイメージがあったと思うのです。今はそんな神話のイメージはほとんどなくなっているので、先ほど笠井さんがおっしゃったように、個に徹して自分の内部に新しいものを見つけ出す以外、生き甲斐も存在しないような、そんな気がします。

笠井　ある意味で、政治思想も、イデオロギーではもう駄目なのかもしれません。おそらくイデオロギーではなくて、決定的な意識の変革が重要になってくる気がします。その変革もマスではなく、ひとりひとりの個人の中における意識の在りようというものが、もう一度完全に根底から見直されていった時に、何かが出てくるという感じがあるのですが。平たい言い方をすれば、神話がなくなったということは、信仰を中心とする宗教ではもう何も始まらないということです。

では、宗教で何も始まらなくなった時に、自然科学で何が始まるかと言えば、今、自然科学は全て情報化の方向に行ってしまいました。情報化された生命科学とか、情報化された人間学です。しかし、その中に何かイデオロギーに変わる、ある新しいものが見出せるか、という問題が出てきます。情報化された科学、それ自体でいいという立場をとるならば、それでいいのでしょうけれども。しかし、それではないという立場に立つと、今の情報化された科学や、宗教でもない、何がこの歴史に関わる核になるのか、そのところが一番大きな問題だと思うのです。おそらくヨアキム主義という考え方は、今でもそれほど一般的な考え方ではないと思いますが、いかがですか？

能動的態度とは

高橋　そうですね、私の感じでは「ヨアキム主義を生きる」ということは、自分の中に神を見つけるということだと思います。しかし自分の中の神に出会える道が、自然科学的な考え方や合理主義的な考え方では全くありえないので、一言で言うと「能動的な態度をどこまでとれるか？」ということに尽きるような気がするのです。

情報科学を含めて、自然科学的な発想は、ある現実が外にあって、その外にある現実に自分自身の精神を適応させることで認識が開けてくる、と考えます。だからいつでもその場合の個体は、外から来る刺激に対して受け身で、それをどこまで客観的に受け取れるか、という作業になります。その認識作業の中で、ある自然科学的・客観的な真実と自分が出会っていると思えれば、安心感が持てます。これも典型的な神話的思考のひとつだと思うのですが、しかし顕在的にしろ、潜在的にしろ、そういう受け身の態度で生き甲斐が見出せるのかという根本的な疑問が出て来ているようです。

笠井 自然科学では、例えば赤色というものを光学的な意味での振動で、客観的に説明することができます。しかし、その振動を人間は一度も知覚したことはないのです。いくら客観的に「赤色というものはこういうものだ」、または「こんな振動を持っている」と説明できても、身体からは離れています。それに対して人間の「赤色を見ているという体験」の中には、科学は入り込めません。つまり、科学は外側にとどまるのです。これは色だけなく、あらゆる自然科学的な見方は、私たちの感覚的な表象の内部までには入り込みません。

さらに言えば、私たちがそれに対してもった印象にも、科学は入り込みません。当然これらは科学の対象ではないのですが。しかし色の振動は知覚の働きそのものの外側にあるように、原子や分子の世界も知覚そのものより外側にあります。つまりそれらが科学的な世界に生きていること自体、すでにそれは人間が入れない位置にある、というひとつの前提が生じると思います。それが更に情報化されてしまった時には、人間は二重のカラクリに閉じ込められて、そこから出て来る可能性は何なのかと思うぐらい、今の時代そのものが覆い尽くされてしまった感じがするのです。

高橋　そうですね。外にあらゆる枠が設けられていて、それは外側にあるので個人が主体的に関われない枠なのです。その赤色もひとつの枠だと思うのですが、例えば鳩山由紀夫さんが「友愛」と言った時も、その言葉が外にある枠のひとつだと、個人はその中に入っていけません。

笠井　そうしますと、ある意味で今の時代というのは、個体主義の反対ですね。

高橋　ええ、私が個体主義と出会って、救われたように感じたのも、この問題に意識的になれたからだと思います。赤い色と出会った時に、赤い色が何を語ってくれるのか、その赤い色からどんな思いを受けとれるか、です。

それでよく思うのですが、今、笠井さんがおっしゃった個体主義の問題の一番のポイントは、「内と外の関係」にあると思います。普通の発想は、宇宙論でもそうですけれども、ビッグバン以来、原因がみんな外にあって、その外の進化の過程で、内があとで生み出されたと考えるのですけれども、神秘学の一番基本的な考え方は、まず内があって、その内の「思い」が熱となって外に流出すると、そこから物質世界が生み出されると考えます。ですから最初に内があるのです。

赤い色の内なる思いを受けとるのです。この神秘学の観点に従うと「内が外」になるのですが、しかし一般の常識は外の世界が先ずあって、それが個人を取り巻いている、という発想です。しかしこの受け身の発想が常識になっている限りは、今の時代のいちばん根本的な矛盾や疑問に応じられないと思うのです。

笠井　高橋さん、その点ですが、私たちの中で納得するためではなくて、今の時代を生きて行く人たちが本当に内部と外部の問題が腑に落ちて、行くところまで行くならば、人間は個体主義を実現することができると思うのです。そこはやはり重要な各論のひとつだと思うので、そこのところを徹底的に話し合ってみませんか？

高橋　ぜひ、そうしたいです。

笠井　個人的な話になりますが、以前、養老孟司さんや森岡正博さんたちが同席する集まりに呼ばれて、ダンサーとしての観点から身体と文化について語ってほしいという依頼を受けたことがありました。その話の中で、内部とは一体何なのかということをお話ししたのですが、その集いで内部を認めた人はほとんどいなかったのです。今は内部と言ってしまってはダメだという意見が大半でした。それはなぜかというと、内部も外部もなくて、あるのはデータの入力と出力ということで、この観点の中で人間をみるのです。そこに内部を持ち出すと、再びカントやフィヒテに戻されてしまう、と。それは過ぎたことであって、そんなところに戻したくないというのが、その集いのほとんどの意見でした。それはそれでいいのかもしれませんが、内部を切り捨ててしまったら、人類にとって、また歴史にとって大切なものを覆ってしまうことになると感じました。

高橋　内部を問題にしなくてもよければ、ぎりぎりのところで人間は受け身でいいことになります。

笠井　そうですね、能動性は全くなくなりますね。それに関連して、高橋さんの書かれた

『神秘学序説』の中の一節を読んでみたいのですけれど、

中世盛期の敬虔なるシトー派修道僧ヨアキムの抱いた夢が、このように比較を絶して大胆で革新的な内容をもちえたのは、キリスト教の玄義である「父」と「子」と「聖霊」の三位一体とともに、古代以来の肉体と魂と霊の三分説をとりあげ、切迫した終末論的世界認識の下に、これを、人類の意識発展史の三段階に関連づけたからである。このことによって権力を支える社会的ヒエラルキアの代りに、個人の霊的発展を保証する、物質界、魂界、霊界という三重の構造をもつ存在のヒエラルキアが神秘学と結びつくことができた。しかもそのヒエラルキアは、われわれの外に存在する秩序としてではなく、今ひとりひとりの個の内部に確立されるべきものとしての切実な現実的実践の課題となっている（七〇頁）。

という言葉があるのですが、この一節はおそらく高橋さんのいちばんの挑戦だったと思います。そこでまず私の捉えているヨアキム主義について話してみます。

歴史というのは常に大きな発展段階が組み込まれていて、その発展段階において様々な宗教が人類の歴史の中で生まれました。例えばユダヤ教であったり、神道であったりです。その宗教が生まれざるを得なかった社会的な必然性の時代をヨアキム主義的な言い方では「父の時代」と呼んでいます。しかし宗教は一切、権力と結びついていました。それに対して、権力と結びつかずに、信仰と結びつく宗教もあります。その中で、神や宇宙を信頼することができれば、一切、権力なんかいらないという考えが出てきます。これが二番目のアイオーンだと思うのですが。

ところが今はそういう時代ではない。信仰もいらない時代なのです。では、信仰もいらなくなった時、何がそれに代わるのかというと、私はふたつあると思います。そのひとつは「愛を成就すること」です。それも「理由のない愛」で、何かのために愛するということではなくて、ただひたすら「愛のために愛する」ということです。

ですから、ヨアキム主義の本質は、もし愛のための愛が実現するならば、一切の宗教がなくなるということだと思うのです。これをヨアキム主義のいちばん根本的なところに据えて、この『神秘学序説』で述べられている「最高の神秘学的伝統をうけつぎながら、個体主義を確立することができず」という状況を見てみますと、今の情報科学が、なし崩しにヨアキム主義的なラディカリズムの実現を崩している気がするわけです。そしてそれは私たちの意識できるところだけではなく、無意識の部分にまで及んでいる感じがするのです。これが私の捉えているヨアキム主義の状況なのですけれど。もし内部というものがなかったならば、ヨアキム主義は成り立ちません。

歴史を失った人類

例えば、日本の歴史の中で「友愛」という言葉がほんとうに久しぶりに、あるいは初めて鳩山さんを通して響きましたが、それは鳩山由紀夫の父親がメイソン*4であったという事実から、彼の中にもメイソン的な精神が流れているという言い方も成り立つかもしれませんが、もう今、私たちがこの部分で戦わなければ、歴史はわれわれを見放す感じがします。

高橋 今のお話は、私にとっても、一番大事な問題を取り上げて下さっています。私がドイツ・ロマン派に惹き付けられたのも、ロマン主義の本質が一般的、普遍妥当的なものではなく、個別的な、掛けがえのないものに関心を向けること、つまり愛することにあったからです。それが、普遍主義ではない、個体主義の本質です。

笠井 友愛という言葉はひとつの理念ですよね。理念としてこの言葉が語られたということは、私は非常に大事なことだと思います。

高橋 その理念を自分の内面の中にどう生かすか。それがまさに個体主義の課題です。しかし理念に留まっている限り、外の一般概念に留まっています。

笠井 佐藤優さんはとても魅力的な思想家だと思うのですが、佐藤さんにとって、政治学は外から入ってきた莫大な情報と資料、つまり外から入ってきた知識であって、身体のいちばん奥の方から取り出したものではないのです。ですから書かれた本も、外側からいろいろなものを集めて書かれたものなので、面白いのですが、そこから何かが生まれるのかなと思うんです。

高橋 佐藤さんは今社会問題を扱う人の中では、一番期待できる人だと思っています。佐藤さんの場合、佐藤さんが信じられないくらい厖大な知識を持っているのは、自分を主張するよりも、むしろ何かを、誰かを、理解したい、という衝動の方が強いからではないでしょうか。『国家の罠』（新潮社、二〇〇五年）や『私のマルクス』（文藝春秋、二〇〇七年）では、彼の深い内面生活を、ぎりぎりの状況の中で、語ってくれています。

笠井 彼の論じている神学と経済学との結びつきは非常に魅力的ですし、マルクス主義と神学の結びつきを、ああいう形で論じている人を私は初めて知りました。日本ではおそらく少ないのではないでしょうか。

高橋　初めてでした。『私とマルクス』ではなく、『私のマルクス』という表題が示しているように、佐藤さんにとって主観と客観はひとつになっています。でも、客観的であるために自分を出さない場合が、いくらでも出てきます。今の時代状況の中では、客観的なるものが非常に曖昧なので、状況次第で姿を変えます。ある状況ではこの発言が一番有効だと思って発言しても、状況が変わると、正反対の主張の方が有効になることもありえます。

そういう意味で、ある有名な東大出の思想家が、八〇年代の「朝まで生テレビ」の中で「人間、お金が全てです」、と発言したのです。その時は誰も反論しませんでしたが、私にとっても、地球の破壊よりもお金の方を優先させる時代状況に無意識的だったことに、とても反省させられました。同じ人は――正確ではありませんが――九〇年代に入ってから、「人間、お金が全てではありませんから」というような発言もしていました。「お金がすべてです」、と言うことができた人は、そう言ったことで、すでに「お金がすべて」をのりこえているでしょうから、「どうして発言が変わったのか」と聞かれたら、多分その人は「状況が変わりましたから」と言うのではないか、と勝手に思っています。

笠井　それは政治家的な発想ですよね。政治家は状況が変われば、いくらでも自分の意見を変えますし、発言も変わります。それは政治家的な発想としてはいいのかもしれませんが。

高橋　政治家にとって大切なのは、状況分析なのですね。

笠井　私は今回の対話にあたって、改めて高橋さんの書かれた『独逸に於ける浪漫主義国家観の研究』（私家版、一九八八年）、『神秘学序説』（イザラ書房、一九七五年）、『ヨーロッパの闇と光』（新潮社、一九七〇年）を読みなおしてみました。これらを通して高橋さんが伝えたかったことは、「意識とは何なのか」ということだと思ったのです。つまり「物質の中から意識が出てきたのか」それとも「意識はそれ自体、自立した本性をもっているのか」という点です。高橋巖の著作のすべてが、終極的にはこの問題に向かっていると思います。

その出発は、おそらく「ノヴァーリスの個体主義」が発端になっていると思うのですが。「意識はそれ自体、自立した本性を持っているのか、それとも神経細胞の複雑な総体の中から出てきたのか？」という問題は、カントも含めて誰も解決していません。しかし私はこれほど説得ある形で意識の誕生を論じた人は、高橋巖以外にいないと思います。

カント[*5]は最終的には、認識に対しては一種の不可知論的な態度をとり、どちらかと言えばデカルト[*6]的な方向へ行ってしまいました。そのあとのヘーゲルは自分の体験の中から、意識の存在を摑んでいたように思えます。しかしそれを明確な形で論じたというよりも、こうもとれる、ああもとれる、という残し方をしました。またフッサールにしてもメルロ=ポンティ[*7]にしても、最終的には唯物主義の立場をとり、意識がそれ自体独立した本性をもっているということを説明していません。フランツ・ブレンターノ[*8]の思想の中には、意識が独立した本性をもっているという捉え方の萌芽があると思いますが。

天使館では今、学生と一緒にシュタイナー[*9]の『神智学』(ちくま学芸文庫、二〇〇〇年)を読んでいるのですが、ちょうど今日、「思考の本性」について学生の一人が発表しました。その中で、「イエスがいなければキリスト教は生まれなかったし、仏陀がいなければ仏教も生まれなかった。またアインシュタインがいなければ相対性理論は生まれなかった」という話が出たのです。私は「思考の本性」をはっきりと解き明かしたのはルドルフ・シュタイナーだと思っています。たくさんの人が思考について述べてきました。

しかし思考の本性が個体主義と結びついて歴史を動かす力であるということと、思考の力で人間の本質に到ることができると解いたのは、ルドルフ・シュタイナー、ただ一人だけです。

しかし今の時代ほど、人間が歴史に対して介入できなくなった時代はないですね。政治家も歴史に介入できない。これはあらゆる場面でコンピューターが介入し情報操作が行われるようになったからです。政治の政策にしてもコンピューターに依存せざるを得ないし、先の金融破綻にしても情報操作が生んだ出来事であり、それに対して「誰か」が引き起こしたこととは誰も言いません。自分の意志というものがなくなってしまって、コンピューターに依存しなければ回らない時代になってしまいました。ですから今の時代ほど人間が関われない時代はかつてありません。誰も関わっていない。極端な言い方ですが、私はダンサーですが、ダンスと映像の境がなくなってしまったのです。何が身体で、何が映像で、その境がだんだん見えなくなっているのです。

おそらく歴史を遡れば遡るほど、人間は無意識であっても、歴史を動かしているという感じはあったと思うのです。アレキサンダー大王の東征にしても、神武天皇の東征にしても、良いか悪いか別にしても、ひとりの個人の意志が歴史に関わっています。あるいは第二次世界大戦を引き起こしたのは誰か分かりませんけど、少なくとも人間が引き起こしたというある種の意志があったと思います。

しかし今ほど人間が歴史そのものから離れてしまった時代はないと思います。人間が再び、歴史に対して受動的ではなく能動的に関わろうとするならば、それはコンピューターを通してではなく、思考の本性なり意識からやらなければダメだと思います。高橋さんの仕事というのは、一貫してそこにあったと思うのです。

人間は情報化できない

高橋　すごく問題をはっきりさせてくれました。その問題を根本におかなければダメですよね。

笠井　そう、そこの部分だけだと思いますよ。そこが解ければ、あとは全部流れるはずなのです。ところが誰も意識の在りよう、意識の本性、もうひとつ付け加えると生命の本性を解いていません。今の生命科学も解いていません。生命科学は生命を情報化することで、生命を摑んだように思っていますけれども。意識と生命を人間が能動的に摑んで、時代と結びつけていかなければならないと思います。そこの部分を抜いてしまって、自民党から民主党、ブッシュからオバマへと表面だけの変化では何も解決しないところまで来てしまった感じです。

高橋　そうしますと、政治も社会も経済も、あるいはひとりの人間の内面も、同じ問題と向き合っている、と言えますね。

笠井　それが個体主義ということですよね。

高橋　そうですよね。

笠井　個体主義の最初の出発に、意識の由来について考えたいのです。この対話を通して今まで誰もやらなかった形で、はっきりと意識の在りようについて明確にすることができるならば、さらにそこから政治の問題、芸術の問題、生命の問題について考えていきたいと思っているのです。

高橋　一番大事な問題を、そのように具体的に出していただいて、すごくありがたいです。笠井さんは芸術を生命の問題として実に見事に提示してくれています。私が笠井叡さんの舞台で一番感動したのは、そういう精神生活の根本的な問題意識を、舞台を通してみせてもらうことができたからです。澁澤龍彥さんにすすめられて、はじめてあの新宿厚生年金会館の舞台を観て、人生が変わったような気がしました。秘儀を舞台でみせてもらえた感じでした。

　個に徹している踊りで、客席の真ん中にベッドが設えてあって、笠井さんがひとり、そこで横になって寝ているんですけど、まだ開演前で、お客さんが会場に入ってくると、その光景が目に入ります。それを見た瞬間に、もう異質な世界に入っているわけです。それが気になって「何だろう?」と思っている内に、開演のベルが鳴って、いよいよ開幕です。そこから起きだして舞台に上がっていくのですから、もうまったく何のルールもありません。舞台上の笠井さんは男と女を一瞬にして変えて見せます。一方の肩に帝国陸軍の軍服をまとい、反対の肩は優美な女性を表しています。個に徹した内的な生き様を、ああいうふうに表現できるのが信じられなかったです。それでお母様がレクイエムでしょうか、オルガンでお弾きになったんですよね。何かやっぱり自分の考えている一番根本のところを、信じられない形で、舞台の上で再現してくれて、それで「この舞台は僕がそこに立ち会わなくてはダメだ」と勝手に思い込んでしまいました。ファンになったら、みんな思うことですけど。

哲学と神秘学の違い

笠井　高橋さんがどこかでおっしゃったことだと思いますが、哲学と神秘学はたった一つの違いしかない。哲学は知の学であって、知識の方向へ行きます。それに対して神秘学は哲学が根底にあるけど、その哲学を体験の方向へ持っていく点が唯一の違いです。哲学は体験がなくても哲学になりますが、体験のない哲学は神秘学にはなりません。私はまさにダンサー的な気質の人間ですから、理念なり、思考なりが身体に降りてこない限り納得しないのです。

私が今までやって来られたのは、自分の中での哲学を体験化するというありようが、ダンスに駆り立てるひとつの原因だったと思うのです。ダンサーなんて踊りたければ踊って、踊りたくなければ踊りません。しかし、そうは行かないのです。「踊りたいから踊る」とか「踊りたくないから踊らない」といった問題ではないのです。哲学が体験化するためには、何らかの意味で身体をそこに持ってこなければなりません。

しかし、現代の思考や哲学についての考え方では、人間はそれらに対して能動的な関わりは持てず、受動的な関わりしか持てません。そして科学がもうすでに、内面というものを見ようとしなくなった時に、人間は自分自身からもはじき出されてしまう気がします。そうなった時に、体験化された哲学としての神秘学でいいのですが、しかし私の中では、もうすでに神秘学という言葉も使えない気がするのです。つまり神秘学というもの、それ自体がすでに外に出されてしまっていて、今の人は神秘学という言葉を聞いても「ああ神秘学ね」と捉えて、その中に入ろうとしません。それは先ほどの鳩山さんの「友愛」という言葉の捉え方と同じで、「友愛」と聞いても「友愛」という言葉の中に入ろうとしないのです。

神秘学という言葉にしても状況は変わりません。ですからわれわれの戦略としては、このことは意識しておかなければいけないと感じます。そして私はこれから高橋さんとの対話の中では、あえて神秘学用語を使わないでいこうと思っています。何故かと言いますと、例えば「人智学」という言葉を使っても人智学というものがすでに外に出されてしまっており、「ああ人智学ね」で終わってしまうからです。

高橋　そうですね。僕も、それ賛成です。

笠井　今の情報化の時代においては、神秘学は神秘学そのものを自己否定していく、新しい言語体系の中に入らなくてはいけない気がします。

十九世紀における神秘学は、伝統的なアレゴリーや象徴的言葉に満ちたものでしたが、ブラヴァツキー[*10]やシュタイナーはそれらを近代の言語体系の中に入れてくれました。しかし今の時代の私たちから見ると、その中にも、ある独特の神秘学言語があります。今の時代における神秘学ではそれらを全部、捨てる必要があると感じています。そして私たちの日常的な会話や言語体系の中で、神秘学的な核心を語れるようにならなくてはならないと思います。

そういう意味で、今までの神秘学的な言語体系を壊して、どこまで自分が、高橋さんとの対話ができるか、自分に課した課題としてやってみたいと思うのですが。ですから「アストラル体」という言葉はいらなくて、「意識はどこから出てきたのですか？」でいいのです。そのように、誰でも知っている言葉で語る必要があると思います。

高橋 そうですね。ではどちらが神秘学用語を使わないでいられるか、競争しましょう。本当に実感から離れてしまったところで言葉がひとり歩きしていますから。今、パソコンで、ある言葉を検索すれば、その言葉に対する説明が充分すぎるほど出てきますものね。

笠井 そうなんです。例えば「エーテル体[*11]」と検索すると「エーテル体」の説明が全部出てきます。すでにエーテル体という言語が私たちの外側に行ってしまっていて、誰も能動的にその中に入ろうとしなくなっているのです。

高橋　僕はそのような状況を「言葉がむこう向きになっている」という言い方で考えています。言葉が全部むこうに向いていて、こちらを振り返ってくれないのです。概念もそうですし、人間関係でもお互いに話し合っていながら、そっぽを向いている感じです。社会そのものも、自分が住んでいる社会なのにむこうに向いてしまっていて、こちらに向いてくれない。国も全然、こちらに向いてくれない。全部向こう向きの世界に住んでいる感じがあるのです。

笠井　そうですね。本当に後ろ向きになってしまいましたね、見事に。そのあたりの話を少し突っ込んだ形で進めてみませんか？

高橋　そうですね、ぜひ進めてみましょう。その方向ですと、いくらでも話が発展しそうな気がします。

笠井　まず金子隆一さんが書いた『不老不死――究極のサイエンス』（八幡書店、二〇〇六年）という本から入ってみたいと思います。この方は人間の神経細胞をすべて電気信号に変換して、神経細胞の働きをパソコンの中にダウンロードする研究をされている人です。ここで言っている不老不死とは、人間がパソコンの中に入り込むことによって生き続けるという意味です。ですから、けっして「行」を行なったり、ファントームを創ったり、人間の「復活」を実践するということではありません。コンピューターの中に人間が入ることを研究している方です。この本の中の一節を紹介したいのですけど、

〔意識と体は別々に存在しているという〕心身二元論の重要な証拠として、古来数多くの幽体離脱体験、あるいは臨死体験が報告され、近年でも、〔中略〕あたかも霊魂の存在を暗示するかのように臨死体験を扱った書籍や論考も数多く出回っている。しかし、この実験結果からするかぎり、脳の外にある意識を持った実体、という概念そのものが、脳のごく限られた領域の機能不能や過度の刺激による幻想に過ぎなかったことになる。今後、この方面の研究がさらに進展すれば、霊魂の存在を支持するあらゆる主張は完全に力を失い、解体され、脳の機能論に吸収される可能性は相当に大きいであろう。

結論として、われわれに今言えることはこうである。意識、心、魂などと呼ばれるもろもろの機能的実体とされるものは、実はどこにも存在せず、それらはすべて

脳の中の一個のサブ・ルーチンが生み出すまったくの虚像にすぎないらしい。恐らくそれは、領域的にもかぎられた脳内のごく一部において生み出される感覚であり、当然、クオリアなどというものも、そのさらに下位にある脳機能の一つであると考えられる（三六〇―三六二頁）。

こういった内容の文章はそれほどめずらしいものではありません。簡単に言えば、人間の意識や霊魂は、約一リットルの体積を持つ脳がつくり出したものでしかないということですが。養老孟司さんの考え方も、おそらくそこに行き着くものだと思うのです。こういう考え方は、現在ではかなり浸透していて、これからは、ますますこれが情報化される方向に行くと思います。そこでこの本に書いてあるような、人間の意識をコンピューターの中にダウンロードし、人間が機械自我と一緒になるということは、神経が意識を生んでいるということが前提になると思います。著者もそう考えているのでしょう。

しかし、私の見方では血液も意識を持っています。つまり血液も神経に勝るとも劣らない、意識と結びついた人体素材だと思います。この本によれば、神経は微細な電流が流れるので、それをダウンロードするということです。しかし血液をダウンロードすることはできないです。つまりこの本のようにいくと、血液人間というものがなくなりますね。高橋さんはこのような観点をどうお考えですか？

高橋 大変な問題ですね。今の話を聞いていて、これこそが現代の神話だなと思いました。神話がなくなっているのかと思っていたら、自然科学という一箇所に集まっていれば、なんでも客観性が保障される。そこをよりどころにできる、という神話、自然科学こそが現代の神話なんですね。その自然科学は日々進化していきますから、その新しい変化に自分がいかに適用できているかということで、自分自身を肯定する方向なのでしょう。まさに個体主義の正反対です。「個の特性」も機械の操作で、いくらでも創れるというのですから、「だれそれさんらしい個性を、今度、どうやって創ればいいか」を設計する作業になります。全部が外面化されてしまうのです。ある意識なり、魂なりをコンピューターに組み込めば、ある人と同じ人格が立ち上がってくる、みたいな感じです。亡くなった美空ひばりに新しい歌を歌わせるのですから。

笠井 おそらくこの問題は脳の再生技術や、臓器の移植技術と関わっている問題だと思います。それは置いておいても、今のところ、脳が意識を生み出したという考え方に対して、確実にこれを超える論拠は今のところ提出できていないんです。しかし、科学はその厳密性と客観性に立つために、人間の一番の核心の部分を捨てなければならなくなって来ます。意識も魂も脳が創り出したというところが唯一の客観性になることによって、自分自身が反転してしまって、自分が自分に関われなくなってしまいます。科学である限りにおいては、人間は自分に関われないと思います。

顔を隠したマルクス

高橋 そうなんですね。それで、ある科学者たちは自分の学問研究とは全然別の所に、信仰というもうひとつの別の真理をおくのですね。ヨーロッパ中世末期以来の二重真理説です。

笠井 マルクスがそうでしたよね。マルクスは非常に信仰深い人間でしたが、けしてそれを外に出しませんでした。私はマルクスはスイスの法学者であったヴァイスハウプト*12と精神的には同じ人と考えています。ヴァイスハウプトはフランス革命の時に「自由・平等・博愛」を提唱した人物です。そして彼は意識をひとつの独立した存在として認めていた人でした。その弟子であるマルクスは、そのことを自分の片隅に置きつつ、けして外には出しませんでした。こういう生き方をしている科学者は意外に多いのではないかという気がします。

高橋　マルクスにはそういう一面があったのですか？

笠井　私はマルクスをそのようにとらえています。ですからマルクスは『資本論』を書きながら、観念論の課題であるところの「物自体を認識できるか、できないか」という問題に対して、カントのように「あるのは表象の世界だけ」と単純に考えていた人ではなかったようです。

以前、高橋さんがヨーロッパの哲学史を神秘学との繋がりの中で論じている書物がほしいとおっしゃっていたことがありました。つまりヨーロッパの思想家というのは、表立って出す思想と、自分が内に秘めている思想とが、しばしば結びついていない傾向があります。例えばヘーゲルは確かに若い頃に、ある種の神秘体験をしているのですが、それと彼が出した思想との結びつきをつけていません。

高橋　自分の神秘体験を開示したり、自分の思想と結びつけたりすると、異端になったのですね。

笠井　ですから高橋さんも書いておられるように、若い頃のヘーゲルの文章を読むと、彼は完全にエレウシスの秘儀に参入するような体験をしているのですが、その後の彼の思想は、それとの結びつきは完全に切れています。

高橋　ヘーゲルにもグノーシス主義[*13]的側面があるのですね。でもそれをできるだけ表に出さないのは、信仰と認識を分けているからですね。

笠井　それはフィヒテもそうですよね。フィヒテも外で論じている哲学と、彼の内的な哲学体験はそれほど結びつけていないような気がします。私はその辺の通史を是非知りたいと思っているのです。その点で一番誠実だったのはルドルフ・シュタイナーだったと思います。

高橋　コリン・ウィルソンが、もしシュタイナーが二十世紀になる前に死んでいたら、今より有名な思想家として評価されていただろう、と書いていましたが、ルドルフ・シュタイナーは本当に命を懸けて内面を表に出したのです。十九世紀のヨーロッパ思想にはやはり文字通りオカルト的な側面、つまり隠された側面があります。そのグノーシス的な側面はいつでも隠れた部分としてしか、自分でも認めようとしなかったくらい、異端だったのです。もしそれを外に表してしまったら、自分の社会的な立場が認められなくなってしまうわけですから。なぜ「オカルト」とか「神秘学」とかと言うのかは、基本的には体制の思想と反体制の思想があって、十九世紀には反体制の思想はまだ表に出せなかったからだと思います。それで秘密結社みたいなところで、それを共有し認め合っていれば、社会的には無害です。社会的なところでそれを認めてしまうと、キリスト教社会を混乱させる危険もあったのですね。

グノーシス主義というのは、一言で言えば、「自己認識は神認識に通じる」という一点だけでタブーになっていたのではないでしょうか。そして「自己認識」と「神認識」を完全に分けて、「神認識」は信仰や恩寵によって許されるという形、それに対して「自己認識」は、そもそも主観であるとか、邪道に陥るとかということです。

グノーシス的自己認識

笠井 個体主義というのは、グノーシス的な自己認識と捉えていいですか?

高橋 ええ、そう思います。グノーシスを今に活かそうとしたら、やはり自己認識しかなくて、その自己認識の道における究極は、自分の中の神と出会うことです。

笠井 私は「ポイマンドレース」の文献(『ヘルメス文書』朝日出版社、一九八〇年)を持ってきていますが、これはグノーシスの根本を記述したテキストです。先ほど紹介した

『不老不死』の本と「ポイマンドレース」の二つを同時に読んで、何故、人類はこれほどの両極をもっているのだろうと感じたんです。この「ポイマンドレース」の中の一節の要約して紹介したいのですが、ちょうど人間が宇宙の天蓋を破って入ってくる箇所です（六二頁）。

ロゴスなき生き物の世界に対して全権をもった人間は、天蓋を破って、界面をとおして覗き込む。そしてフェシス*[14]は下降する生命の水の中に、神の美しい似姿を見る。フェシスは尽きせぬ美しさと支配者たちの全作用力と神の似姿をもつ者を見たときに、愛をもって微笑んだ。水の中にアントロポス*[15]の美しい似姿の映像を見て、地上にその影を見たからである。そしてフェシスに自分に似た姿が映っているのを見て、アントロポスはそこに住みたいと思った。そしてその思いと共に作用力がはたらいて、アントロポスはロゴスなき姿に住みついた。

これはプラトン的思考の根本だと思うのですが、ここでは宇宙の始まりにはまだ意識というよりも、自我しかないといっています。物質も生命もまだ存在していなくて、ただ自我しかない。そしてその自我がロゴスなき世界に自分の姿を映したときに、はじめて生命の中に自分が降りていって、物質の中に住みはじめる。これはグノーシス的な直感で、一番初めに自立して存在していたものは人間の自我であるという捉え方ですね。意識よりももっと以前です。その自我が宇宙の外からその天蓋を破って宇宙の中に入ってきました。このグノーシスの古代的直感が生まれたのは、今から二千年ぐらい前ですが、その二千年後の今では、人間は機械の中を覗き込んで、その機械の中に自分の似姿を見て、機械の中に入ろうとしています。

高橋　今の私たちの時代では、機械が全知全能なのですね。そして、そこに入りたいというのは、自分が実在の中に関わりたいからだと思います。でも、その対極に「絶対的能動性[*16]」がなければ、存在することに意味が見出せません。一切の対象が、一切の素材が存在しないところでの能動的なあり方、つまり今読んで下さった自我です。「私とは私のことだ」、という自己確認、自己同一性の主体がグノーシスの自我ですね。

笠井　例えば井筒俊彦[*17]さんも意識の発生について研究されていて、有名な『意識の形而上学――『大乗起信論』の哲学』（中公文庫、二〇〇一年）という著書を出しています。私は、あれは大変難解な本だと思いますが、しかし彼の苦闘の跡がものすごく生々しく感じられます。つまり「無」から「有」が生まれるということです。

高橋 そうですね。百花繚乱と花が咲くように、言葉という花を開かせるのは能動的な意識しかなくて、そこからすべてが始まるというのですが、井筒先生の発想はすごいですね。ほんとうに神秘主義者だと思います。先生にとっては、意識と言葉がほとんど同じ概念なのですね。

笠井 同じですね。

高橋 無の中から百花繚乱と花が開くように、言葉が生まれるわけです。そうすると実在の世界が現れてくる。最近、井筒先生の『神秘哲学』（『井筒俊彦著作集』第一巻、中央公論社、一九九一年所収）を読み直したんですけど、あれはやっぱりすごい本ですね。ギリシア哲学史であれ以上のものを読んだことはありません。血で書き記したと「前書き」に書いてあるんですけど、ほんとうに熱が伝わってきて、分かりやすく、完全に問題を自分のものにしていなければ、ああいう文章は書けませんが、三十代の前半の著作だとはちょっと信じられません。結核で血を吐きながら書いたんだそうです。

笠井 すごいですね。

高橋 ええ、ほんとうに遺言のつもりで書いたんだそうです。

笠井　私は、現代人でも完全に腑に落ちる形で、意識の発生を説明できるようにしなければならないと思うのですが、良い答えを出せば出すほど、本当の説得力から逃げてしまうような気がします。なぜなら、それは言葉を受け止めるだけではなくて、向かった時に、初めて意識のことがわかってくるものなので。この話は「意識の発生はこうですよ」みたいな説明で分かるようなものではないと思うのです。

高橋　自分の自我や意識の根拠をどう実感するか、という根源の課題ですが、ひとりひとり違っていていい、と思っています。実感できたら、「私の神秘学」が意識できると思いますから。

笠井　「目に見えないものは信じない」という自然科学的な観点で言うと、「自我なんて目に見えないから存在しない」ということは簡単です。しかし「あなたにとって自分が存在しているという実感やリアリティーはないのですか？」と問うと「ない」という人はいないと思います。しかし体験として自我をもっていても、それを論証できないでいる。ちょうど「お腹がすいた」という自分の体験のリアリティーと、情報科学や自然科学が論証するリアリティーのどちらを選ぶかというと、自分の体験のリアリティーを取りたいと思うんでしょうが、「お腹がすいた」という体験のリアリティーは言葉で論証できても、自我の体験は言葉で論証できずにいるのでしょう。

高橋　結局、主語と述語が同じになって、私とは私のことです、としか言えません。言葉にすると、循環論法になってしまいますから。

物質と物質性の違い

笠井　意識の問題に入るにあたって、先ほどのヨアキム主義のところに戻させていただきます。これは私の捉え方ですが、歴史を神話の歴史、自然哲学および錬金術的な歴史、自然科学的な歴史の三つに分けた場合、それぞれの意識の在りようは異なります。

神話的な世界では意識のリアリティーしかないのです。そこでは例えば小林秀雄さんが言っていますが、蛍の光を見たときに自分の母親の魂が飛んでいるイメージを持ったように、イマジネーションがそのままリアルに感じられた時代だと思うのです。つまりイマジネーションが本当に生きていた時代です。ですから神話の中には意識の実態が描かれているように感じます。それでイマジネーションのリアリティーを物質の側に移したいという欲求が出てきます。鉛が金に変わるというのはイメージの中ではできても、物質の次元にそれを降ろして、検証してみたいという考えです。それで錬金術が出てきたと思うのです。この時代では物質とイマジネーションの結びつきが一番リアルに感じられていた時代だったと思います。この時代はものすごく長く続いて、ごく最近まで続いていたと思います。

自然科学はそこからイマジネーションを抜いてしまって、物質だけの関わりにしてしまいました。その中においては、私たちの意識が関わることは、まったくできなくなってしまいます。私たちは「物質」という言い方はしますが、「物質性」という言い方はしません。ところが錬金術では「物質」と「物質性」という概念を明確に分けています。例えば山の中にある鉄分と血液の中にある鉄分とでは、「物質」は同じだけど、「物質性」はまったく違うという分け方をするのです。あるいは植物の中にある炭素と鉱物の中にある炭素では「物質」は同じでも「物質性」は違うという分け方です。しかし自然科学では「物質性」を抜いてしまいました。ですから「人間の中の鉄分と山の中の鉄分は同じだ」で済んでしまうのです。

錬金術では「物質性」をどのように説明していたかと申しますと、同じある物質でも、「高次の物質」と「低次の物質」と分けていたようです。「高次の鉄」と「低次の鉄」と言うようにです。その違いを「物質性」と呼んでいたのです。ですから、山の中にある鉄分と血液の中にある鉄分とでは、「物質」は同じだけど、「物質性」はまったく違うと言った場合、その「物質性」の違いは「体の中にある鉄分は意識と結びつくが、山の中にある鉄分の中には意識は入り込めない」ということなのです。この考え方は自我や意識を考える上で大切な観点です。

なぜ私たちは意識を捉えられなくなったかというと、ひとつには物質を見るときに「物質性」の違いを考慮しなくなったからだと思います。しかし血液の中の鉄分は、自我や意識が溶け込んだ鉄分ですし、外にある鉄分とは「物質性」はまったく違ってきます。

高橋　人間の「念」が物質に入る可能性についてはどうですか？　同じ物でも念が入った物と、入っていない物とを錬金術は区別するのでしょうか？

笠井　例えば身体の場合では、人間の内臓の中にまで自我や意識が入っているという考え方と、あるいは身体の周りを取り囲んでいるという考え方ができます。物質の場合でも、例えばある鉄に念をかけた時に、その念が鉄の内部にまで入っていくのか、あるいは鉄というものの外的な形象に念なり思いなりが取り囲むのか、という考え方ができると思います。血液の中の鉄分において私たちの自我というのは、その鉄分の中に入り込んでいるのです。つまり鉄分の中に内部があるのです。無機物と有機物の違いにおいて言えば、フラスコの中に入った無機物の水を沸騰させるためには外から熱を加えます。あるいは、ビリヤードの玉を動かすときは、別の玉で外から衝撃を与えます。つまり無機物が変化するには、外的な作用力が必要になってきます。

それに対して有機物の場合には、例えば植物の種の場合ですと、種自身の中に成長する元があります。ですから有機物は外側から変化するのではなくて、中から変化していきます。つまり有機物は内部を持っていると言えるのではないでしょうか。物質の変化という観点で言いますと、物質は、内部をもつ物質と、もたない物質とに分けられると思います。この有機物のもつ内部というのは一体、何なのでしょうか？

高橋　植物の一粒の種に宿っている生長力は、科学の認識範囲を超えていますね。内側から新しいものを生み出している力ですから。それが「いのち」なのでしょうけど、科学にとって「いのち」とは何なのでしょうか。無機物にも「命」があるような気がするのですが。その無機物の中からいのちを取ってしまったら、多分結晶する力が失われるでしょうから。形をとらない粒子の集まりになって崩れてしまう気がします。そうすると、そもそも物に形を与えているものも、目に見えないいのちの力なのかも知れません。

笠井　今、高橋さんが出してくださいました「植物生命」と「鉱物生命」は、意識の問題を考える上でとても重要ですよね。私は三十五歳から四十一歳までドイツにいて、その時に体験したことなのですが、自分が物質の中にいるという体験をはっきりもったのです。自我が物質の中にいるということを掴んだというよりも、分かったのです。つまり自分が自分の体の中にいるということです。

この体というのは炭素や窒素や、諸栄養素といった、体を構成している諸物質で、その物質の内部に自分がいるということをはっきり体験したのです。この時に私は物を見るときの、ある視点を獲得した感じがしたのでした。それは自分が物質に対して、物質の内部から関われる存在なのだという視点です。そして確実に分かったことは、内部空間というものが無限空間ということで、有限空間ではないということです。内部空間に入った時に有限が生まれたら、これは外部になってしまいます。つまり外部であるということは、有限なのです。物質の内部に入るということは、内部空間に入るということであって、無限空間に入るということなのです。そして過去、現在、未来のすべてに行くことができます。現在にしか生きられない有限性であれば、それは内部ではないのです。この体験が大変リアルなものでして、物質に対する新しい視点を持ったという実感です。

高橋　すごい体験ですね。いわば物質という舞台がないと内面は自由に自分を表現することができないのですね？

笠井　そうなんです。物質があるから内面が獲得できるのです。ただし私にそれを可能にさせたものは、物質性の違いというものを、自然界の私の体を通して感じることができたからです。ですから、もし山の中の鉄分と、私の体の中の鉄分が同じであったならば、私は鉄分の内部に入ることはできなかったでしょう。生命の流れというものは、人間が物質の内部にまで自己を導く歴史であると思ったのです。そうあるためには、山の中の鉄分と体の中の鉄分は同じ物質ですが、体の中の鉄分は人間の自我を受け止められる鉄分なのです。

高橋　すごい体験です。

笠井　これは論証できる体験ではないのですが、ただ自我というものは物質の内部から関われる力なのだと思います。

高橋　そうしますと、意識が生きられるためには物質性が必要だということですね。その物質性は逆に言うと、内部にいる意識によって、空間的・時間的にいかようにも変わることができる。そして物質性が変われば、またそこに新しい意識が住まわせてもらえますから、意識も変わる。

この問題をもう少し話し合いたいと思います。つまり、意識は物質がなければ存在し得ないかという問題です。

意識とは何か

笠井 意識は物質がなければ存在し得ない、つまり意識は物質なしには自立して存在し得ない、ということでしょうか?

高橋 ええ、普通はそこの部分は無意識なのですが、笠井さんはある時、物質の中にいる自分を意識できたのですよね。すると物質と意識の関係も、もっとはっきりしたんでしょうか?

笠井 これは体験的な言い方しかできないのですが、自分の体に関してだけですけれども、自分の体に対して外からではなく、中から関わった時に、体がないのです。これは暫定的なもので、体が若干ある場合と、重い体を感じつつ自分が体の内部にいる時と、さまざまです。しかし自分が物質の内部にいるということは、ひとつの状態ではなくて、永遠にその方向へ向かっていくグラデーションがあるのです。ですから物質の内部の無限性は、広く無限なのではなくて、無限に深められる無限性なのです。そして深めれば深めるほど、物質が消えていく感じです。

高橋　物質性が自己主張せず、意識の方に従っているのでしょうね、きっと。

笠井　そうとも言えると思います。そして一般的な死についての捉え方を考えた時に、非常に矛盾があると思うのです。一般的に死は意識と物質が分離することを指し、意識と物質が結びつくことを目覚めとか誕生と言います。

しかし、乾いた木片を水に浸した時に、水がまんべんなく木片内に浸透するのと同じようには、意識は体の隅々まで浸透しません。非常に不安定な結びつきをしていると思うのです。ある時には離れたり、反対に体の一部分に痛みを感じたときは、その痛みを感じている部分に意識が過剰に入っていったりします。

そもそも痛みの現象自体を、私は意識の現象だと思っています。指先に針を刺したときに痛みを感じるのは、そこに集中的に意識が集まるために、意識を痛みとして感じていると思います。それを「痛み」と呼んでいるのだと思います。もし私たちの指先に針を刺しても、意識がそこに集まらなければ、痛みは感じないと思います。これは催眠術と同じで、催眠術で痛みをとる場合は、そこに意識を集めないようにするだけのことです。ですから私の感じでは「痛覚」というものはないと思います。痛みの現象とは、そこに急激に意識が集まることなので、非常に精神的な現象とも言えます。針を刺されたことにより、その部分が破壊されて痛いのではなく、針を刺されたことによって、その部分の意識の結びつきが何倍にも強まり、痛いのだと思います。

サディズムにおいて人間の体を鞭で打った時、その体は日常生活ではない意識との結びつきをもちます。しかしサディスティックな方法ではなく、何らかの別の方法で体と意識の結びつきを何倍にも強めていったならば、物質は意識が離れることによって生じる死ではなく、意識がこれ以上浸透することができないくらい過剰な結びつきによって、死の現象を起こすのです。意識からしてみると、体に深く入れば入るほど、体は消えていくのです。そして完璧に意識が浸透し切ったときに、物質が消滅していくのです。つまり物質というものが、もともとなかったということに気づくのです。そこまで私は体験できたわけではないのですが、なんとなくその感じが分かるのです。

高橋 僕の知り合いで、ものすごい拷問を受けた人がいるんですが、だんだん体がぎりぎりの状態にくるにしたがって、痛みが快楽に変わったと話していました。だからそれ以上、いくら拷問を受けても全然堪えられなくなることなく、逆に快感の方が増していったと話していました。

笠井 中国では仙人が死ぬことを「尸解《しかい》」と書きます。この「尸解」は意識が体から離れるから死ぬのではなくて、意識が体を満たし尽くしたことによって生じる死のことなのです。もし、かつて東洋の人たちが神秘学的な体験の領域で、意識というものをこのような方向で捉えていたとすれば、ある意味で東洋のある精神においては意識の問題は解決済みなのかもしれません。

高橋 死のプロセスに二通りあるんですね。意識がどんどん離れて失われていく死と、意識がどんどん集中して、それが最高に達した時に生じる死と。この問題、少し考えさせてください。

笠井 私はこのこととキリスト教の成立は無関係ではないと思うのです。イエス・キリストが十字架に架かるということは、けしてイエス・キリストに肉体的な苦痛を与えたという意味ではなく、そのことによってある意識が人間の体の隅々まで浸透していったという意味だと思います。意識が完璧に体を満たすのは、けっしてサディスティックな意味での苦痛を与えることによってではなく、自我の力で意識が体を満たすことだと思います。体と意識の結びつきにおいて、自我の力による結びつきが一番いいあり方です。

高橋　自我の力で意識をぎりぎりまで集中させて、意識が完璧にからだを満たすことと、十字架上のイエスを結びつけて考えたことはありませんでした。神が人間の最大限の苦しみを体験したこと、と考えていましたから。

笠井　似た方向に行くのかもしれません、これは。もうひとつ経験的な話をします。息を止める方法があります。もしある人が非常に強い意志の力をもっていて、一時間息を止められるとします。しかしこの方法で死んだ人はいません。

例えば、自殺は絶対に不可能であるという考え方があります。高いところから飛び降りたら、一瞬にして体が壊れるので死ねますが、もし仮に、アスファルトの地面に着地する瞬間の時間を三時間に引き延ばしたとします。すると人間は自殺することを断念します。つまり自殺というのは自分を放棄して、もう自分を救うことのできない状況に追い込むからできるのであって、自分の意志ではないのです。首吊りにしても、首を圧迫するプロセスを三時間に引き延ばして、ゆっくりとしたならば、ある意味で体は自分の意志に反してその状況から逃れようとします。

高橋　では、そういうやり方での死刑は最高に残酷なのですね。釜茹での刑は、時間をかけて絶対に死の恐怖にさらさせて行ないましたからね。

笠井　本当に残酷ですよね。殺さないのですから。ゆっくりと時間をかけますからね。

高橋　今のお話、少しイメージできたような気がします。意識の持ち方に二つあって、自分の意識が体から影響を受けていると、体の要求に従ってしまうものですから、たとえば睡眠が不足すると眠くなります。他方、反対に、自分が何かものすごく大事なことと出会ったときは、そのことに意識が集中するものですから、肉体からの呼びかけに応えないで、いくらでも起きていられますし、体がどうにかなるまで、意識の方が勝手に動き回ります。……だから、こころとからだの関係にはふたつの方向があるんですね。

笠井　たとえばバプテスマのヨハネ[*18]がヨルダン川でキリストの洗礼を行なったというのは、古代的なやり方ですが、意識を抜こうとしました。それは溺死する寸前まで体を水につけておくという方法です。これはエジプト的なやり方でもあったのかもしれません。つまり呼吸させないのです。水につけなくても、自分で息を止めていれば同じ状況になると思いますが、他の人の手が加われば、そこに何か別の力が作用しますよね。息を一定時間止めておきますと、苦しさの中に、人生の中で一番大きな力が生じます。つまり死というのは、人生の中で一番大きな力が生じる瞬間です。

この力は二通りの方向を持っています。ひとつは体から意識が抜き出る力、もうひとつは意識がさらに体を摑もうとする力です。バプテスマのヨハネの方法は、体を摑もうとする方向ではなく、意識を体から抜く方向だと思います。しかし、ヨアキム思想における個体主義で捉える死は、古代的な意味での意識が体から離れることではなくて、ひとり一人の人間が体を意識で完全に満たし、錬金術でいうところの、体の物質性を最高度にまで高めるところまで育成することです。これはダンスをすればいいとか、そういう問題ではないのですが。

まずやらなくてはならないのは、死や物質の概念を改めて考えなおすことです。そのためには物質は物質であるだけではダメで、物質性というものは何なのかを考えなくてはいけません。そのことによって、私たちの体の中に意識がさらに深く入ることができます。すると、意識が体から分離していくという意味での古代的な死ではなく、ヨアキム主義的な死、つまり物質という壁に跳ね返される意識ではなく、物質が消滅するくらいにまで意識が内部に入っていき、そこで、本来の意識のあり方を摑めるのではないでしょうか。ですからヨアキム主義的な死というのは、死と同時に復活なのです。これが、私がドイツで体験したヴィジョンなのです。

高橋　修験道で、山の中で体を崖にぶら下げて恐怖を与えるような修行がありますよね。あれはむしろ、肉体の中に入っていく方向でしょうか？

笠井　恐怖の絶頂では、意識が体の全部を摑みますものね。

高橋　すると恐怖もそうだし、愛の形も似ていますね。

笠井　有名な話がありますよね、「虎穴問答」という。虎の穴に落っこちても助かる方法がひとつあるという。つまり、肉体という虎の穴に落っこちても、肉体に食われたらダメで、肉体に意識を食べさせる。虎に食べられるのではなくて、愛をもって食べさせるということです。この話は偽善っぽいところもありますけれども。言葉の上で言うならば、ようするに食べられたらダメで愛をもって食べさせる。するとそこに愛と誇りが残り、虎は消えてなくなります。なにかそういった関係が体と意識の間にはあるような気がします。

高橋　戦争中に軍隊にいた人たちは、死ぬことが前提になってしまっていたので、今の話と同じことを感じていたそうです。僕の従兄弟で特攻隊に行って、たまたま戻ってきた人が、今話されたのと同じような体験を話してくれました。少なくともプライドを残して、嫌でたまらなく出陣するのではなく、勇んで自分から出陣することで自分を肯定するというのです。しかし今の話は日常生活でも、そのまま当てはまる気がします。

笠井 どういうところですか、例えば?

高橋 肉体と闘う時です。回らない頭をむりやり働かせて仕事をする時など、やっぱり自分の肉体と正面から向き合わないと先へ進めません。ある幼稚園の先生から、畳がボロボロになるまで爪でかきむしって耐えたときの話を聞きました。丸一月苦しみ抜いて、治った後の自分の心の在りようが、自分でも信じられないくらい透明だったそうです。

浪漫主義的国家観

笠井 高橋さんが「浪漫主義国家観」について考えられたのはいつ頃からですか?

高橋 慶應の大学院で学んでいた頃です。まだ戦後間もなくの頃で、あの頃一番心を惹かれたのは有機体という言葉だったんです。国と自分とがどういう形で結びつくのだろうと考えた時に、利害関係とか権力関係とか、そういう結びつき方ではなく、もっと何かいのちがけの関係で結びつきたいと思ったんです。

それで「有機的国家観」を書いた時、初期浪漫派の立場は、国イコール共同体だと思ったのです。国と自分との関係において、何百万人、何千万人の中の国民のひとりであると自分を位置づけるのではなく、自分がいなければ生命そのものが危険にさらされるような種類の細胞のひとつとして国と結びつくという、そういう国家観をイメージしました。ですからほとんど民族・家族に通じる共同体思想なのです。

笠井　高橋さんは「独逸に於ける浪漫主義国家観の研究」の中でGesellschaft《ゲゼルシャフト》とGemeinschaft《ゲマインシャフト》について書かれていますが、Gesellschaftを利害関係とか利益共同体という言い方をして、それに対してGemeinschaftというものを内的な結びつき、精神的な結びつきとしてとらえ、「浪漫主義国家観」の中では、GesellschaftとGemeinschaftは分離されないという考え方があったのでしょうか？

高橋　そうなんです。浪漫派では国をGemein-Gesellschaftとして分けなかったのです。たぶん戦争中の日本にも、そういう一面があったと思うのですが、これを書いている時は、戦争中とは対極の、もっと全く違った、自由な形のGemein- Gesellschaftがある、とイメージしていました。

笠井　今の社会はアメリカを中心とした国連主義的なGesellschaft的国家と、それに対して、例えばテロリストたちは、Gemeinschaft的な国家の中にいます。そして構図的にはGesellschaftとGemeinschaftが戦い合っています。しかし、今の資本主義社会でこれほどまでに世界的に経済機構が落ち込み、貧富の差が生じているのにも関わらず、それでも資本主義における経済機構の形が最高であるという考え方が残っている限り、この両方の理念は結びつかないだろうと思います。もし、今までにない、新しい経済原則が入ってきたとしたら、かつての太平洋戦争時代の日本にあった形とは違うGemein-Gesellschaftは考えられるでしょうか？

高橋　社会を問題にする時に、僕はやはりそこを考えたいんですね。シュタイナーがこのまま行ったら地球そのものを破滅へ導く、と警告していた「技術と産業と営利主義」を克服するための道です。最近、立花隆さんと佐藤優さんの対談集（『ぼくらの頭脳の鍛え方』文春新書、二〇〇九年）を読んで、とても教えられました。「日本のファシズム」というテーマの対談です。その中では、GemeinschaftをS社会と呼び、Gesellschaftを政府あるいは国と呼んでいます。今は大きな政府、小さな政府という言い方もありますが、ネオリベラリズムとか、構造改革を進めた小泉元首相の立場とかは、小さな政府にして、国家統制をできるだけゆるくして、市場原理だけで国を営もうとしましたが、それに対して民主党は明らかに大きな政府を考えていて、国がコントロールして、この混沌とした社会を立ち直らせようとしています。

今言いました対談集の中で佐藤さんが、この問題について面白いことを言っています。

ムッソリーニはヒトラーとはまったく違った国造りをしようとしていた。社会主義の場合は大きな政府だけれども、小さな政府で大きな社会を造ろうとしていた、というのです。その場合の大きな社会とは Gemeinschaft のことなのですね。ですから日常生活の中で人間関係をもっと深めるとか、助け合いの精神をもっと大事にするとか、そういう方向で国造りをしようとしたのがムッソリーニのファシズムなのだそうです。

今、日本が失ってしまったのは、そのような大きな社会だ。共同体＝Gemeinschaft が失われてしまって、かつての隣組のような助け合いの関係がどこにもなく、冷たい関係しか存在しなくなった、ということも、その対談集の中のテーマでした。

僕は Gemeinschaft の構成をこうイメージしています。まず個人が存在し、その個人は家族によって、その家族は言語を共有する民族共同体によって支えられ、その民族共同体は人類の仲間として生きています。一方、Gesellschaft は、先ず履歴書の要る市民があり、その市民は法人によって、その法人は国家によって守られ、その国家を守るために国連のようなインターナショナルな組織があります。この問題は今の時代の「生き辛さ」を考えるときの土台になると思うのですが。

笠井 「独逸に於ける浪漫主義国家観の研究」では「国王は政治権力ではなく、一種の愛の対象である」また「人間は自分の力で人間になるのではなくて、国家によって人間になりうる、またそのような共同体がある」とも述べています。これを書かれていた頃、浪漫主義的国家理念＝有機体的国家理念の中にある種のヒエラルキアが必要だと感じておられたのですか？

二十歳の時の高橋巖

高橋　その頃、卒論を書いていた頃ですが、三年生か四年生ぐらいの時、あるひとつの問題に悩んでいた時期がありました。ですから誰かに会う度にいつも同じ質問をぶつけていました。その問題とは「ひとりの人間の存在と、百人、千人、万人の存在と、存在価値として、どう違うのか」という問題で、いくら考えても分からなかったんです。僕たちの子供の頃は、「国のために」という発想がいつも中心にあったものですから、当然ひとりの存在よりも百人、千人、万人の存在の方が、意味がありました。ですから百人のためにひとりが犠牲になるのは美徳だったのです。

ところが、それがどうしても納得できなくて、百人であろうが千人であろうが、結局意識はひとりひとりのものなのですから、存在価値の上では変わりはないと感じていました。その問題をずっと抱えたまま卒論を書くことになったんです。基本的には自分の中では、ヒエラルキアよりこの問題が大きかったのです。

笠井　日本もかつてGemein-Gesellschaft的の中に天皇がありました。この「独逸に於ける浪漫主義国家観の研究」をお書きになったのは戦後ですが、高橋さんの中で天皇や天皇制というヒエラルキアと、日本のGemein-Gesellschaftの関連は、どのように感じておられましたか？

高橋　まだ三島由紀夫と出会う以前のことで、アナキストとして、ヒエラルキアは一切、意味がないと感じていました。

笠井　そうしますと日本のGemein-Gesellschaftの中には天皇制はなくてもいいと感じていたのでしょうか？

高橋　ええ、戦後間もなくのあの頃は、そう思っていました。まだ時代の流れに眼を向けずにいましたから。しかし先ほどの対談集の中では天皇制は必要だという言い方をしています。なぜかと言いますと、天皇制があることによって、日本のGemein-Gesellschaftを維持できるという発想があるからです。当時の僕は全く逆でした。人間ひとりひとりに、すべてが懸かっていると思っていました。ですから、ひとり対ひとりの関係を唯一絶対のものと考えて、その上に成り立つ社会や国家を考えていました。

ある人が尊敬されて、その人の周りに大勢の人が集まるという形は、精神生活として、当然ある、と思います。でも国家権力が制度としてのヒエラルキアをつくってしまったら、個人を基本にした共同体は崩れてしまう、と思っていました。

笠井 「歴史にはひとつの必然性があった」といった場合、明治維新において新たに天皇制をつくったというのは、そこには歴史の必然性があったと思うのです。正しいか、正しくないかは別にして、事実として起きたわけですね。そしてその天皇制は、当時の政府の中にあった国家主義と強く結びついていました。しかしそれ以前の時代では、その結びつきが希薄になっていた時代もあります。そのような結びつきが希薄だった時代においても、天皇制は日本の歴史の中で存在する必然性があったのでしょうか？ あるいは、なくてもよかったのでしょうか？

高橋 記紀の時代から現在まで日本文化の大本になっている現人神としての天皇の存在の歴史的必然性を否定しようとはまったく思っていません。天皇の存在は日本史のすみずみにまで滲透していたので、明治以前の方がむしろ自由に天皇のことが考えられたのではないでしょうか。明治以後は天皇を宗教ではなく、政治権力と結びつけて利用してきたと思います。明治以前でしたら、無数の天皇がいたとさえ思います。その中のひとりが浄土真宗の親鸞であったり、教祖という存在がそれぞれの地域や、一定の人々の間にあって、それぞれが精神のヒエラルキアをつくっていたと思うのです。そしてその頂点に天皇が輝いていていました。でも私は過去を必然とは思っていないので、ドイツ人にとってヒトラーの体制を必然だとも思っていません。

笠井　さきほど佐藤さんのムッソリーニのファシズムとヒトラーのファシズムの違いについて話がありましたけど、当然、日本のファシズムもまた違いますよね？

高橋　ええ、違いますね。

笠井　日本のファシズムというよりも、ファシズムという言い方ができるかどうか分かりませんけど、私は有機体的なファシズムと無機物的ファシズムがあると思うのです。

高橋　そのような感じで説明していましたね、佐藤さんも。

笠井　ああ、そうですか。それで私は日本のファシズムというのは、まぎれもなく天皇を中心においた、有機体的なファシズムだと思っているのです。その有機的という捉え方ですが、まず国家という有機体があって、国家としての有機体の鏡として人間の体がつくられるという捉え方ではなく、シュタイナーの社会論の基本にもありますが、まず一個人の体としての有機体があって、それが社会なり国家に投影されなければ、有機体としての国家にはならないという捉え方です。明治の社会における日本のファシズムというのは、一個人の有機体を天皇に投影していたと思いますが、それ以前の日本では天皇というものが必ずしも国家権力と結びついておらず、それ以外にも有機体的存在や共同体があったと思うのです。

高橋　今の社会における現人神は「お金」の姿をしています。お金、マンモンが絶対的なものになって、みんなそれに関与しようと思って、営利主義に従っています。お金がすべてですから、信仰ということから言うと、天皇に代わる絶対的な権威は、日本でもやっぱり貨幣ではないでしょうか。これは資本主義という経済のヒエラルキアですよね。一方、経済的利害関係とは別のところで、天皇が精神生活の大きな支えになってくれています。日本の場合、お正月とか、特別の行事の時にだけ、天皇による癒やしのヒエラルキアが復活して、あとはひたすらお金を稼ぐために、エネルギーを費やさなければならなくなっています。

ああ、それで話が飛ぶんですが、先ほど話していたテーマについて、自分の中で中途半端でしたので考えていたのですが、この世に受肉して、肉体で生きている限り、過去や未来ではなく、毎日の生活の一瞬一瞬が信じられるような生き方さえできたら、そこに生き甲斐が感じられると思うのですが、どうお思いになりますか？

笠井　厳密に考えますと、無限とか永遠という概念は、今の一瞬という概念と全然矛盾しないと思います。矛盾しないというよりも、それしかないという感じです。ですから無限というのは、とてつもなく広いということでも、永遠というのは果てしなく長いということではありません。一瞬です。

高橋　肉体がないと、その一瞬は体験できませんよね。

笠井　そうですね。肉体があるから一瞬を体験できるのですね。例えば死者たちは一瞬を経験することはできないですよね。ですから、今私が死んだとしたら、肉体がなくなるので、ノロノロしてしまうでしょう。自分は江戸時代の人間なのか、どこの時代の人間なのか分からなく、ノロノロと。

高橋　何カ月か前のことですが、雨上がりの葉っぱに水滴がついているのを見ていたら、一瞬の輝きを放って、それがものすごく綺麗だったんです。この美しさは、この世にいるから見られるのであって、死んでしまったら見られないと思ったのです。その時に味わった浄福感というのは一瞬なのですが、一瞬ではないですよね。そういうことの連続に肉体があるとしたら、やはり肉体の方に全面的に関わって生きていくのが本当で、もし意識の方に肉体が奉仕するのでは、そういう体験はもてないと思います。

肉体と意識の関係

笠井　意識の方に肉体が奉仕するのではなくて、肉体に意識が奉仕する、ですか。

高橋　そうです。それが普通はできないものですから、痛みを感じることで、嫌でも、意識が肉体に奉仕させられているのだと思います。でも痛みがなくても、真剣に意識が肉体に奉仕しないと、一瞬のもっている輝きの意味が感じられません。そういう方向で考えてもいい問題でしょうか？

笠井　先ほどお話した「第二の死」、つまり霊界参入の方向の死ではなくて、物質の奥の方に入ることによって生じる死があるならば、この場合の体の捉え方というのはまさに無限であって、ここまでが物質であるというのではなく、無限に物質の中に入っていくという感じがあるのです。そしてその中で、次第に体が消えていくという実感があるとはいえ、これは、体というものを元にしているから成り立つものですよね。

高橋　だから体は、今の瞬間において絶対にあるんですね。

笠井　そうですね。

高橋　一〇年先、二〇年先の体ではなく、今この一瞬の体に懸ける生き方というのは、非常に具体的だし、それしかないような気がします。

笠井　そのことと関連があるので話してみますと、「志向性」という概念には二つの捉え方があると思うのです。それは「そこに物があるから、意識がそこに向かう志向性」と、もう一方は、自分の内部にあるヴィジョンを描き出そうとする力がもつ志向性、つまり「イメージの力がもつ志向性」です。

しかし、三番目の志向性があります。それは「イマジネーションが物として外に出ようとする志向性」です。この三番目の志向性については一般的な哲学では全く論じられていません。メルロ゠ポンティは、志向性を「ものがそこにあるから、意識がそこに向かうのであり、ものがなかったら志向性は生じない」という捉え方でした。しかしブレンターノは別の捉え方で、「内側に内部の問題としての志向性」があるということだと思います。この点で明確に志向性のあり方が違います。しかし三番目の志向性の「内側にあった志向性が、外に向かって実現しようとする志向性」に関しては、ルドルフ・シュタイナーはそのような言い方はしていませんが、彼の志向性は、この三番目の志向性ではないかということを、最近、私は理解しました。このことと、今、高橋さんがおっしゃった「一瞬」ということが結びつくのです。

それは先日、天使館の学生に次のような質問を問いかけたときです「花があるから、花という意識が生じるのですか？　それとも、花なんか見たこともないけど、内側に花をイメージする力を人間がもっているから、外に花が生じるのですか？」というものです。みんなは「花があるから、花の意識を持ちます」と答えたのですが。しかし例えば、私たちにとってバッハが作曲した「フーガの技法」という作品は外にあって、誰かがそれを演奏すればそれが「フーガの技法」であると意識しますが、バッハがこれを作曲する時には、まだ「フーガの技法」は彼の内にありました。このように創造活動においては、私たちは内のものが外に向かって実現しようとする志向性を持ちますが、なぜ自然界を見る時に、この志向性を持ち得ないのでしょう？

高橋　物がすべて客観的にできあがったものとして存在していて、それをみんなが銘々、自分の中に意識として映し出しているとみるなら、「フーガの技法」の問題は答えられなくなります。外に客観的に存在しているものも、それを何ものかが自分の中から新しい「なにか」として生み出していて、それをそれぞれが違った形で体験しているというように思えば、知覚することは同時に創造することになります。

笠井 そうなのですね。ですから高橋さんのおっしゃった「一瞬」というのは、そこなんですね。「一瞬が生きる」というのは、知覚と創造が結びつくのです。しかし時間の経過の中で、ものを見ると、das Gegebene（所与）ではないですけれども、ようするに外側に与えられたものでしかないのです。このコップを見たときに、瞬間にそれを自分が生み出すという感覚をリアルに持てたならば、バッハが「フーガの技法」の最初の一音を楽譜に記入する、その瞬間にも似た体験になると思います。ある意味で、外にあるものは全て譜面に書かれた記号や音符のようなものです。しかし楽譜を見て、楽譜自体を音楽だとは言いません。その楽譜を読もうとすると、そこに音楽を生もうとする体験が生じます。

高橋 内なるものが外なるものになるのですね。

笠井 はい。しかし、こういう言い方をしても、やはり「意識が物質を生み出した」というものからは、相当に遠いですよね。ルドルフ・シュタイナーがこのことを伝えようとして、何千回もの講義を行い、超人的な努力をしたわけです。しかしもう一方では、はたして今日、私たちはそれぐらいの努力ができるのだろうかと考えてしまいます。そうしますと、もうアートに行かざるを得ない。理想主義的な言い方をすれば、政治も経済も。

委託とは

高橋　政治の問題に戻りますと、僕にとって大事なのは「委託 Auftrag」[*19]という言葉です。リルケから学んだ言葉ですが、何かから委託を受けるということは、自分の責任でそれに応えるという意味ですよね。だから、どのような出会いにおいても、「委託を受けた」と思えれば、「縁ができた」のです。「委託を受けない」時は、まだ縁ができていません。
「縁」とは曖昧なコトバですけど、委託を受けたことで、否が応でも関係、つまり縁が生じます。瞬間を体験する時にもです。国との関係でも、日本人ならどんな日本人も、誰でも国から委託を受けているのです。だから、どうしても、まず自分と国との関係を自分で決めなければなりません。そういう形がそもそも社会を成りたたせている、という気がします。

笠井　国家という概念ほど、イマジネーションを必要とする概念はないと思います。誰も見たことがないですものね。国家と神という言葉は全然違いますけど、神という、これほどイマジネーションでしか捉えられない言葉もないですし。やはり国家は誰も見たことがないので、国家という言葉に対して与えるイメージによって、いくらでも変わると思うのです。

高橋　そうですね。自分の国を「この国」と言うときと、「わが国」と言うときとでは、既に違いますものね。今はほとんど「この国」でしょう。「わが国」の「国」は、自分と縁があるということを前提にしていますが、「この国」だと、自分とは関係がないという感じです。ここにある国を指差しているだけです。

笠井　「わが家」と「この家」の違いと似ていますね。

高橋　まさにそうですね。

笠井　政治の問題はこの先も是非、話していきたいテーマです。とりわけ国家論と言語論について話していきたいと思います。例えば、ゲルマン語とゲルマン民族との関係は深い、このことは、言い換えると「生きた言語」と「有機体国家」の関係とも言えるのかもしれませんが、この部分を論じることは、今までほとんどなかったと思います。その辺のことを是非、お伺いしたいのですが。

高橋　そうですね。日本語を母国語にしているわれわれが、日本語のことを世界で最高の言語だと言っても、それはありだと思います。

笠井　自惚れた方がいいんです。それは、本当に自惚れないとダメです。「わが国」を自惚れないで、謙虚に振る舞っているのは偽善ですよね。日本語は最高です、やっぱり。

高橋　それで、国も自分の国が最高だと思うのは、ありだと思うんです。何故かと言いますと、カルマの問題なのですが、自分が望んだかどうか分かりませんが、今、日本を母国とし、また日本語を母国語として生きているということには責任があるはずなんです。

笠井　そう思わなければ生きられないですものね、まず第一に。

高橋　今、それを意味のないものとして、「この国」と言っているわけでしょう。日本の教育は、そういう教育になっています。ですから、日本語よりも英語の方が優れているとか、日本という国はダメな国だとか、「わが国」と言ってはいけないとか、そういう方向の教育を受けているわけです。自分の属している共同体と深く関わるという気持を持たせまいとしているとしか思えません。小林よしのりさんにもその点、共感しています。自分のお母さんの悪口を言われた時は嫌な気がしても、自分の国の悪口を言われても嫌な気がしない、というのは、どこか狂っています。

そんなことだと、自分の共同体だけでなく、自分のことも肯定できなくなります。

フランス革命と日本

笠井　政治・経済の中に内面が入れるか、入れないかの瀬戸際ですよね。やはり入れないといけないと思います。人間を見るときに、ひとりひとりに内面があるということは当然のことです。しかし政治・経済は内面を完璧に失っています。「浪漫主義国家観」をお書きになった時は、国家が内部を持っているから、人間は国家の力で人間に成りうる、という言い方が成り立ったと思うんです。フランス革命の「自由・平等・博愛」という理念は、何らかの意味で、社会なり、政治なり、法の中に、どこまで内面性を生かせるかという挑戦でした。しかし、フランス革命はそう意味では失敗してしまいました。ですから「自由・平等・博愛」という理念は、スローガンとして出てきましたけれども、一瞬にして消えてしまい、何の力にもなりませんでした。

しかし私は、フランス革命は政治を考えていく上での、ひとつの方向付けにはなったと考えています。ここから先の話は歴史的に論証ができる話ではなく、イメージ的に聞いていただきたいのですが、フランス革命でその理想を実現できなかった人たちは、ある意味でその理想をアメリカにもっていったと思うのです。アメリカの中に「自由・平等・博愛」をつくろうとしたのです。この力はジョージ・ワシントンの時代以降、歴代のアメリカ大統領の中に流れているスローガンであり、お題目ですよね。しかしこのスローガンは、アメリカ自身が抱えていた黒人問題と関連して、達成することができませんでした。そこでGHQは終戦後、その理念を実験的に日本へもってきたのです。つまりアメリカでも実現できなかった理念を、日本の憲法の中に入れたのです。マッカーサーも含めてGHQに属していたほとんどの人が、精神的にはメイソン系の理念を持っていました。フランスで失敗して、アメリカでも失敗したものを日本に持ってこられても、日本にとっては迷惑かもしれませんが、ある観点からすれば、歴史的な必然性がそこに流れているのではないかという気がします。その辺のお話をしてみたいのですが。

高橋 なるほど。そういう関連で考えたことはありませんでしたが、とても大事な観点ですね。

笠井 なぜそう思ったのかと言いますと、アメリカのポートランドに行ったときのことです。そこで、今の天皇がまだ皇太子だった時に、皇太子の遊び役をやっていたという男性に出会ったのです。日本に滞在していた時に、遊び友達になってほしいと頼まれたそうです。その方といろいろお話していた時に、ふっと、「自由・平等・博愛」という理念はＧＨＱを通して、意図的に憲法の中に入ってきたと思ったのです。また、そこには何らかの意味で、それを方向づけようとする作用が働いていると思ったのです。天皇家をそういう方向で結びつけようとする働きもあったと言われていますしね。

高橋　そうなんですか。わが国の大問題ですね。

笠井　しかし、そういうまったく知らずにして入って来た理想主義的な理念と、終戦まで日本が培ってきたものは、まったく逆であったような気がするのです。つまり、それまでの日本の国家は、そういう理念的なものから発展したのではなく、何らかの意味で天皇の体を中心にした有機体社会というものが続いてきて、そこに突然、そういう流れに入っていったと思うのです。これは、ものすごくめずらしいことだと思います。

高橋　日本というのは先進国の中でも、めずらしく一〇〇％受け身になれる国なんですね。アメリカを一〇〇％受け入れましたものね。

笠井　そうですよね。憲法まで受け入れましたものね。

高橋　それで、なおいけないのは、外国に向かって日本が平和国家であることの意味を訴えかけようとしないことだと思います。自分たちは、こういう憲法を持っている。戦争は一切やめにしましょう、という訴えかけをしていません。それが本来の日本の使命なのにです。

笠井　どうもありがとうございました。では今日はこの辺で。

高橋　たくさん勉強になりました。どうもありがとう。

（二〇〇九年十一月五日　町田市成瀬センター）

戦略としての人智学　Ⅱ

民族身体

笠井　先日、ベーシック・インカムのお話を伺っていて、最終的には、あそこら辺に照準を合わせた方がいいのかなと感じています。経済生活や、今変わりつつある時代が、高橋さんと話してきたことと具体的につながっていくことが大切だと思います。今日はもちろん、ベーシック・インカムのところまで話を進めることは時間的にできません。しかしそれの前提になる事柄についてお話しできればと思います。

最初に高橋さんとお話したいことは、身体についてです。これは私がダンスを通して感じていることなのですが、人間はひとりひとり皆、自分のカラダというものを持っています。これを仮に「個人身体」という言い方をすると、この「個人身体」は個人に属するものだと思います。しかしカラダには個人に属するものと、共同体に属するものがあります。この共同体に属する身体性というは、同じ日本語を母語にしていることによって出てくる共通する身体性、あるいは日本人なら日本人の間の、同じ民族の間に生じる共通した身体性のことです。ですからカラダというのは、民族から離れて存在しているのではないのです。そのようなカラダを「個人身体」に対して「民族身体[*20]」と呼んでみたいと思います。

もうひとつは、現代では文化や経済機構がインターネットによってグローバルに地球全体が結びついています。しかしそのような機械的な結びつきではなく、われわれがお互いに存在し合っているという意味において、地球をわれわれにとって一番の強連結の環境として考えた時に、それを「地球身体[*21]」と呼んでみたいと思います。この「地球身体」は民族言語とカラダが結びつく以前のカラダのイメージです。言い換えれば、言葉によって制約されることのない、グローバルで地球規模のカラダです。

このような三つの身体のことは一般的にはカラダとは捉えないで、文化とか言語と呼ぶのでしょうけど。この身体の問題のあたりから、お話を始めていきたいのですが。

高橋 「個人身体」、「民族身体」、「地球身体」と呼ぶのは、イメージしやすいです。カラダの在り方を三つに分けることは、とても重要だと思います。ひとりひとりの中に、その三つの身体性が同じカラダの中で活動をしているんですね。顔のちょっとした表情の中にも、その三つが現れています。でも「地球身体」の中には、まだまだ見えてきていない可能性が秘められている気がします。経済のグローバル化とは違う意味での地球人としての自覚です。

笠井　井筒俊彦さんの『東洋哲学　意識の形而上学』（中公文庫、二〇〇一年）は「大乗起信論」を扱った書物ですが、これを読んでいて偉いなと思ったことがあります。それは、井筒さんはご自分では「大乗起信論」の解説や解釈とかはしたくないと言っていて、ではご自分では何をやりたかったのかと言うと、「新しい言語で読み直したい」とおっしゃっています。この書物の中に出てくる概念で「真如」という概念が出てきます。その「真如」を説明するのではなく、今の言葉で、読み直す作業をしたいだけだとおっしゃっているのです。私はこのような作業は人智学全体に対しても言えると思います。私たちは人智学をシュタイナーの言葉で読んでいますけど、それを今の私たちの言葉で読み直すことによって、もっと深まっていくと思うのです。

高橋　前回の話の前提ですものね、人智学用語を使わないで人智学について話すという。

笠井　そうですね。そこで、高橋さんにまずお聞きしたいことは、「民族身体」というものを、これからどのように文化の中で方向づけていくかということです。例えば高橋さんがよく引き合いに出されるサミュエル・ハンチントンが唱えているように、これからは文化というものが政治の基本になるといった時に、「民族身体」をどのように意識していくかということと、また政治や文化の中で、どのように位置づけられるかということが大切になってくる気がします。さらに日本人として日本語を母語としていれば、その日本語という言語と「民族身体」がどのように結びついているか、そのあたりのことをお聞きしたいのですが。

高橋　民族の問題は現代の社会問題として一番基本になる、と思っています。その基本になるという意味は、同じ母語を共有することの意味に通じます。現代社会においては、血のつながりではなく、コトバを共有することで「民族身体」が自覚できるのです。

笠井　日本人が母語としての日本語をどのように捉えるかという問題を立てるなら、私は人間が一生の中で、母語と向かい合う方向は二つあると思っています。

ひとつは私たちの記憶力が形成される前までの、誕生から三歳までの時期と母語とのつながりです。誕生から三歳までは、カラダにまだ記憶力が形成されず、幼児は言葉を記憶力によって話すことはできませんが、それでも母語はこの時期のカラダの一番深いところに関わっています。そして、この時期の母語の関わりによって次第に私たちは言葉を覚えます。

しかし言葉をどのようにして覚えていったかは、私たちは思い出せません。言い換えれば、この時期にはわれわれの中の一番深い無意識と言語活動が結びついていると思うのです。この時期を通過して、私たちが言葉を話せるようになり、概念や知識を増やしていきながら言葉の量を蓄積していきます。しかし母語との関わりを通して、あとは概念や知識に任せて言葉を増やし、話していくだけでよいのか？　という問題も切実に感じます。ですから「母語というものを、どのように自分が受け取っていったのか？」ということを改めて別の観点から向かい合う必要があるのではないかと思うのです。

そう考えますと、記憶以前に獲得した母語の力を、概念や知識を表す道具として扱ってはいけないという気がするのです。このことを「民族身体」の問題と関連して考えてみますと、もし私たちが、記憶が形成される前の、三歳までのカラダが母語を獲得するまでのプロセスを、改めて今度は意識の力でそのプロセスを捉えなおせたとしたら、自分の中の「民族身体」が明確に見えてくると思います。

これは、先ほどの高橋さんのお話に出てきた「結果と向かい合い、引き受ける」ということと共通しているような気がします。ですから「自分は日本人だから日本人としての民族身体をもっている」という捉え方ではなく、そのような母語の獲得プロセスを改めて意識的に辿ることによって獲得される「民族身体」というものが、文化的な力と結びつくという気がします。

母語と身体

高橋　そうですね、本当にそう思います。私が今ここで生きていられるのは、日本語の言霊の力のおかげなのですから。言葉といのち、もしくは生き甲斐はほとんど同じことだと思います。だから皮膚の色とはまったく関係なく、母語を共有できれば、みんな同じ民族身体をもっています。そしてその民族身体の本質は、記憶に残らない、三歳までに造られるのですね。

笠井　母語を理解し、母語の中に籠められている言霊を再認識する一番良い方法は、外国に住むことだという考え方があります。例えばドイツ語の生活に入ってみると「日本語というものはこういうものだったのだな」というように自分の母語について様々な発見や気付きが出てきて、そのような方法で母語を捉え直すというアプローチもあります。私自身、ドイツに六年間住んでみて、そのことを通して日本語をものすごく意識させられた経験は大きかったですね。

高橋　しばらく外国に住んでいて、日本語が恋しくなったり、コトバに飢えたような気持ちになったりすることはなかったですか？

笠井　私はドイツに移住した時に、意識的にドイツの中に入ろうとしたものですから、意識的にドイツ語をたくさん喋りました。日本語は忘れようとしましたので、日本語が恋しくなったり、日本語に飢えたりはしませんでした。

高橋　私の場合、今でも覚えているのは、ひと月ぐらい旅をしながら、多くのドイツ人と話をしたことがあるんですが、それでドルナッハに着いた時に、もうヘトヘトになって、もうこれ以上、人とは話せないところまで来てしまったのです。ホテルに泊まったんですが、日本語の週刊誌がやたらと読みたくなった覚えがあります。多分、まだ自由にドイツ語を話すことができなくて、意識しながらでないとドイツ語が話せなかったのでしょう。それで意識しながら話すと、ものすごくエネルギーを奪われるのです。無意識の中にまず言葉が湧いてきて、その言葉によって自分が何かに気付かされる作業をドイツ語ではなかなかできなかったものですから、ヘトヘトになってしまったんです。

もうひとつ、言葉について忘れられない思い出は、最初にドイツ語を教えてくれたクルト・バイヤー先生は東京の目黒にいらしたんです。戦争で財産が全部凍結されてしまい、とても貧しい暮らしをされていました。そこに私が訪ねていってドイツ語を学んでいたのですが、ある日、先生が脳溢血になってしまって、言葉がまったく話せなくなってしまいました。「アー」とか「ウー」としか言えなかったので、とても心配しました。その内、まずドイツ語が先生の口から出てきました。ドイツ語が出てきたら、あっという間に言葉を自由に話せるようになったのです。でも、日本語がとてもできる方だったのに、日本語は全然、出てこなかったんです。それでバイヤー先生はどうされたかというと、すぐに紙を四つ折にして、日本語の単語を暗記し始めました。「日本語をゼロからやり直す」と言っていました。ですから〇歳から三歳までに入ってきて覚えた言葉と、後で勉強して覚えた外国語とでは心の中のあり方は、まったく違うのです。

〇歳から三歳までにカラダに染みついた言葉でなくても、言霊の力は働くのでしょうか？

笠井　私は長い間オイリュトミー[*22]に携わって来ましたので、すぐに思い付くことと言えば、「言葉をカラダで動いてみる」ということが有効なのかもしれないと思います。

高橋　それは〇歳から三歳までのカラダに作用した母語の力を、おとなになってから意識化する作業なのでしょうか？

笠井　最近、ルドルフ・シュタイナーが、なぜオイリュトミーが絶対的に必要であると言ったのか、それについて、今、お話ししている事柄と非常に関係していると理解できました。私たちにとって言葉というものは、ただコミュニケーションの道具としてだけではなく、身体形成を行なう力でもあると思うのです。特に記憶が形成される前の三歳までのカラダは、言葉の力によって「民族身体」をつくる時期だと思います。

治療教育家のカール・ケーニッヒ[*23]さんも三歳までのカラダに働きかける作用について詳しく述べていますが、三歳までの母語の働きというものは、目が目を見ることができない、耳が耳を聞くことができない、そのような謎の中に属しています。記憶の形成が始まると、言葉に意味が結びつきますから、言葉をコミュニケーションの道具として扱うようになります。

しかし母語の力というものは、ちょうど三歳までのカラダに作用していたように、身体形成の力としてカラダに結びついていることの方が、はるかに深いのです。オイリュトミーというものは、一番私たちにとって謎であったところの身体形成をもう一度意識化させ、ミカエル的な意味での民族身体の形成を行なうのではないかと思います。

高橋　言葉には形を生み出す力がありますが、身体をつくる力さえあるのですね。

笠井　そうなんです。これはすごく大雑把な分け方ですが、子供が母親のお腹の中にいる十カ月間の胎生期というのは、カラダにおいて非常に特殊な時期です。この時期のカラダは、栄養摂取、呼吸等の働きがいわば受動的です。呼吸においても肺呼吸ではなく、鰓呼吸に近い状態ですし、感覚器官は形成し始めても、まだ感覚を通して表象を作り出したりはしません。しかし、誕生と共にこれらの機能が一瞬にして変わります。これは本当にすごいことだと思います。一瞬にして鰓呼吸から肺呼吸に変わり、一瞬にして、へその緒を通して行なっていた栄養摂取が口からの摂取に変わるという。

この胎生期に体験していたカラダというものは、民族身体よりももっと根底にあって、いわば「地球身体」と呼べるのではないかと思います。先にも述べましたが、私の感じですと身体形成というのは、「個人身体」、「民族身体」、「地球身体」と三つありますが、胎生期のカラダも含めて、かつて自分のカラダに無意識でも作用した事柄や力を、意識的に捉えなおすことに関連しているような気がします。

高橋　今の話は、プラトンの「想起説」にも通じますね。もともと「すべてが自分の中に存在している」のですね。その「すべてが自分の中に存在しているカラダ」が「宇宙身体」なのでしょう。しかしこのカラダはまだ小さな種みたいなもので、育っていない。胎生期のこの種はカラダの中に潜在的に存在していて、無意識の中で成長し、誕生の準備を進めるんですね。

そこで、本来全てを含んでいる宇宙的な種である誕生までの胎児のカラダと、言霊の力との関連についてはいかがでしょうか？

笠井　生まれてから三年間に受ける言葉の力と、胎生期の約一年間に受ける言葉の力は別のものだと思います。私には、胎生期の間は民族言語とは違う言葉の力を受けているという気がします。

高橋　それは「地球言語」でしょうか？

笠井　そうです、「地球言語」です。この言語は言語の最も根底にある働きと結びついています。これは意味と結びついた言語ではなく、身体形成と結びついた言語の力です。例えば母音とか子音です。そこで母音と子音をシュタイナーの考え方と照らし合わせてみますと、「A《ア》E《エ》I《イ》O《オ》U《ウ》」という五つの母音は、内臓をつくる生命エネルギーそのものの力であると説明しています。

その観点に立ちますと、日本語以外の全ての言葉にも、母語の中に母音を持っています。とりわけ三歳までに作用する母語の力は身体形成に徹します。母音は、カラダの中の内臓系をつくることにひたすら徹するのです。ですから三歳までに母語の体験がなかったとしたら、身体形成においても大きな影響が起こるのです。

高橋　とりわけ母音が身体形成に大きく作用しているのですね。

笠井　とりわけ母音です。そして子音というのはそれに対して、感覚体験と結びつきます。母音の響きは「泣く」や「笑う」といったように、「内側から外側」へ流れるのに対し、子音は外から内に響いてきます。つまり「外側から内側」へ流れます。ですから「内と外の出会い」というものが「母音と子音」ということになります。

高橋　日本語でも母音と子音は分けられるのでしょうか？

笠井　その点が日本語の中で一番不思議なところでもあるんです。日本の民族身体を考える上で、日本語における母音と子音をどのように捉えるかは大変重要なのです。ゲルマン系の言語を母語にしている民族身体と、日本語を母語にしている民族身体の違いは、それぞれの身体に作用する母音と子音のあり方によって変わってきます。

具体的に言うと、母音と子音の関係が「反発し合って」身体に結びつくか、あるいは母音と子音の関係が「結びつきながら」身体と結びつくかです。またそれぞれの言語の特徴によっても、身体への作用は変わってきます。一般的によく言われるのは、ドイツ語はひとつひとつの塊をつくるような、形成力がはっきりした言語であるのに対し、日本語は流れるようにして形成を遂げていくと言われています。

高橋　「母音と子音を分けなくても済む言語」と「分けないと成り立たない言語」についてですが、ドイツ語は分かれていますが、日本語は分かれていません。言霊的な観点からみて、どう違うのでしょうか？

笠井　日本は「言霊の幸《さき》はう国」だという言われ方が昔からありますが、その場合の「言霊」と、ドイツ語でいう「Sprachgeist」は違うような気がします。

高橋　国を特徴づける時に「言霊」と結びつけて特徴づける国は、日本の他にありますか？

笠井　「Sprachgeist」という言葉は使いますが。その「Sprachgeist が幸はう国だ」というのは聞いたことがありません。高橋さんの本で知ったのですが、ワーグナーは「自分は民族感情がなければ作曲できない」と言ったそうですね。その場合の民族感情というのは具体的に言うと、ドイツ語の言霊なのでしょうか？

高橋　そうだと思います。

笠井　ですからワーグナーの言っている民族感情というのは、ドイツ人が着ている服や、顔や体つきの特徴とかではなく、「ドイツ語への愛」であり、彼の中には「Sprachgeist」が生きているのでしょうね。

高橋　そうですね。ですから私は、それは「いのち」のことを言っているのだと思うのです。ドイツ人としてのいのちは、ドイツ語の中から汲み取ることができて、自分はドイツ語によって生かされているという気持ちが、ドイツ人の中にはあると思うんです。

笠井　すると、先ほど高橋さんがおっしゃった「自分は日本人として生まれてきて、喜びを持てるのか、持てないのか」という問題は、「自分にとって日本語はいのちを生み出してくれる言語なのか、あるいは日本語は意味伝達のためのツールでしかないのか」ということと関連してくると思います。

高橋　そうなのです。言いかえれば、母語との関係が深まらないと、他の文化とも真剣に関われないと思うのです。

笠井　最近、内田樹さんが『日本辺境論』（新潮新書、二〇〇九年）という本をお書きになっています。内容は日本の文化の方向づけについて書かれた本ですが、最終章では、やはり日本語の問題をとり上げています。そこで展開されている内容がとっても面白いのです。

基本的には白川静さんの日本語の捉え方に似ているんですが、日本語には「和語」と「漢語」があると、まず述べています。「ひらがな」はその内の「和語」に属するもので、

「表音文字」である、と。つまり「和語」は「音」を表す言語ということです。それに対して「漢字」は「漢語」に属するもので「表意文字」になります。つまり「漢語」は「意味」を表すと述べています。そこで内田さんは、「表音」と「表意」を同時に扱えるのは日本語しかないと言っているのです。そうすると、日本語へのアプローチの方法が二通り出てくると思うのです。

「母音」と「子音」からのアプローチと、「表音」と「表意」からのアプローチです。しかし、三歳までの身体形成として流れる言葉の力には、まだ「表音」と「表意」という側面は含まれないと思います。「ひらがな」や「漢字」を用いることによって出てくる日本の文化の特性が芽生えるのは、記憶の形成が始まる三歳以降のカラダだと思います。「表音・表意」という分け方も大切だと思いますが、民族身体の形成との関連で考えると、「表意・表音」という分け方が出てくるよりも前の、母語体験が重要になってくると思います。

内田さんによると、日本語では「表音・表意」を、最も特徴的に、ちょうど「右脳・左脳」のように使い分けると言っています。これは養老孟司さんも同じようなことを言っていましたね。

高橋　日本語の日常言語の根幹をなす「やまとことば」の後から入ってきた漢字と漢語は、やまとことばに置き換えないで、そのまま使うようになりました。

笠井　そうですね。もし私たちが和語だけで、つまり「ひらがな」だけで本を読むとしたら、一体何が書いてあるのか分からないですよね、パッとページを開いた時に。しかし、漢字が書いてあると、意味が視覚的に分かってきます。ですから視覚的なものと無意識に音読している部分があると思うのです。場合によっては、漢字を見た時には音読はしていなくて、視覚的に意味を捉えて進んでいることもあるでしょう。

高橋　漢字があるのでとても便利です。そこで「カナ文字」や「ローマ字」だけでやろうという試みもありますが。韓国はそれをやっています。以前の韓国の新聞では、漢字がたくさん使われていましたが、今はハングル文字だけになっています。でも母音と子音は分かれています。

母音と子音

笠井　日本語における母音と子音についてみてみますと、原初的な言い方ですが、日本語ほど母音と子音が aufheben（＝止揚）されて、母音でも子音でもない言語としては唯一無二かもしれません。日本語は、母音と子音の結びつきが最も緊密な言語なのでしょう。他に、母音と子音の結びつきの緊密さをもっている言語は、ポリネシア系の言語や、あとフィンランド語も近いといわれています。

　このように、全世界に存在する数千語の内、日本語のような母音と子音の緊密さをもっている言語は、数個しかないといわれています。その中で特に日本語は母音と子音がaufhebenされていて、すでに母音でも子音でもなくなっているのです。この日本語の特徴は、日本の民族身体の形成において、非常に核心的な部分を秘めているような気がします。

高橋　オイリュトミーを日本語で行なう時には、他の言語で行なう場合とは違うやり方になってきますか。

笠井　そうですね。まったく違うやり方になってきますね。明治以降に西洋から入ってきた多くの哲学は、そのために「人工的な言葉」をたくさん生み出しました。「哲学」という言葉自体もそうですし、「所与」とか「概念」という言葉もそうですし。なんとかして哲学を日本語に置き換えた言葉です。それで最近、哲学の中で果たされる母語の役割について論じることが、わりと流行っています。

哲学と神秘学の違いについて前回の対話でもお話しましたが、私は「神秘学は体験された哲学」で充分だと思っています。そして「体験された哲学としての神秘学」の側面から、哲学が今用いているところの言葉の問題を母語との関連でアプローチしようとするならば、「身体形成にまで到る母語の役割」という問題が見えてくると思います。今のところ、内田さんが述べているような「表音・表意文字」を用いて行なう哲学作業というのが現在の哲学の射程範囲内であって、「母音・子音による身体形成」を哲学とするなら、これはかなり絞られてくるのではないかと思います。

高橋　母音と子音の関係の相違は、建築空間の相違にもあらわれています。「第二のカラダ」という意味での建物と母語との関係です。子音を強調するヨーロッパにおいては、建物の壁も非常に厚く、外からはっきりと区別された内部空間をもった造りになっています。これに対して日本人の空間感覚は、それほどはっきりとは内と外を区別しません。庭の文化があって、部屋の中にいても、外が体験できる造りになっています。

笠井　「自然」という概念の捉え方は二通りあると思います。ひとつはドイツ語で言う「Natur《ナトゥーア》（＝自然）」という自然で、これを「第一の自然」として捉えます。もうひとつは「Körper《ケルパー》（＝人体）」で、これを「第二の自然」として捉えた場合、この「第一の自然

（Natur）」と「第二の自然（Körper）」を完全に分けてしまうカラダや建物の捉え方と、反対に分けないで完全に融合した捉え方があるのではないかと思います。日本の文化の創り方というのは、完全に後者だと思います。

高橋　「母音と子音」と「内と外」とが通じ合っていますね。

笠井　そうですね。すごく大雑把な分け方ですが、子音が外で響いている音声なのに対して、母音は内から流れる音声です。日本語の母音と子音の結びつきは大変緊密で、すでに母音と子音とが完全に融合し合って分けられません。ですから言語的にも「内と外」に分けられない言語だという気がします。この言語体系は、日本の文化創造の中に深く関わっているだけではなく、三歳までの母語体験と深く結びついた言語体系だと思うのです。

しかし哲学は、三歳以降の、記憶と結びついた言語体系を駆使して行なわれます。ですから哲学がそれ以前の、身体形成に関わった言語体系の中に入ろうとしても、どうしても無理なのです。どんなに哲学を体験の領域にまで降ろそうとしても、言語を獲得したプロセスの領域にまで降ろすのは無理なのです。ここが、私が見ていて、一番、今の文化の捉え方に限界があるような気がします。

高橋 融合よりも区別なんですね。だから冷たい感じがします。

笠井 本当に「熱」がないのです。ですからフランス系の言語学にしても、メルロ＝ポンティにしても、母語形成期にまで入ろうとしません。造られてしまった言語体系を駆使するだけです。

高橋 正確だけど冷たい――テクノロジー的ですね。

笠井 ですから私にとってなじめない言葉は「知識人」です。テレビでも「知識人としての私は……」なんてことを言う人が出ていたら、話を聴く気がうせます。そういう言葉を、疑いもなく話す人の話は聞いていられないです。

今、私たちにとって知識というものは財産みたいになってしまいました。どれだけ効率よく、たくさんの知識を自分の中に蓄積できるか、という点に興味がいってしまっている気がします。ちょうど今の貨幣の流れと一緒になってしまった。お金というものも、血液と同じように流れなくてはいけないのに、今はある特定の所にお金が集中していて流れていません。日本の四分の一の人間が、残りの四分の三の人間の所有する金銭に相当する富を所有している。逆に言えば、四分の三の人間が、四分の一の人間の所有する金銭を微々たる形で分配されているという状況です。これでは貨幣が循環していかなくて、すごく不健全ですよね。

知識の世界においても同様です。知識人はどれだけ効率よくたくさんの本を読み、情報を取り入れて蓄積しているかというところに集中している。ここまで堕落してくると、とても「身体形成としての母語」というところまでいかないな、という気がしてきます。

私は若い人たちとオイリュトミーをやっていて救いだなと思うのは、今の若い人たちは、母語と身体形成の関係を直感的に理解することができるんです。それは私としては、とてもありがたいところです。

高橋　若い人の感性に期待がもてるのは救いです。知識を試験で判断するのが教育だと思っているのに、です。

笠井　知識人であるかないかの査定は、自分の語っている思想に命を懸けているかいないかの違いだと思います。命を懸けていれば、その人は知識人ではなく、その人は知識を体験にまで降ろしている人です。思想において、その知識だけを語っていても、共感も得られないと思います。

そういう意味で、前回の対話では私は批判的な言い方をしましたが、佐藤優さんは自分の思想に命を懸けている人だと思います。佐藤さんは、自分の思想には三つの柱があると言っています。キリスト教と、マルクスと、日本であると、はっきり言っています。彼の中ではこの三つの要素はバラバラにしたくない柱のようです。その柱に対しては、佐藤さんは命を張っているような気がします。神道の捉え方にしても、必ずしも私と同じ捉え方をしているわけではないのですが、彼なりに民族身体というものを捉えていると思います。あと「神国としての日本」という捉え方も、とてもユニークです。

高橋　「神話のない国」は結局、国としての自己同一性を失っていきますから、どんな国にも、その国の神話がありうると思います。

笠井　この場合の神話はネガティフな意味ですか？　ポジティフな意味ですか？

高橋　非常にポジティフな意味です。しかし戦後、日本は日本の神話を大事にしなくなってきました。

笠井　私は全ての民族が神話を読み直すことが必要だと思います。ちょうどルドルフ・シュタイナーが神話を今の言葉に置き換えたように。あれはとても大事な作業だと思います。例えばエジプトの神話を、「現代の時代に即して捉えると、このように読める」というような読み方です。このような読み方を『古事記』や、あらゆる神話に対してやらないといけないと思います。

高橋　そういう意味では、自分の国の文化や神話を「民族身体」で理解することを学校教育に生かしてもらいたいです。民族があるからほかの国の神話も理解できる、という方向です。「地球身体」でなら、自分の国の神話と同じようにほかの国の神話も理解できると思いますが、その「地球身体」を育てるのは「民族身体」なのですから。

笠井　そうですね、「地球身体」を育てるのは「民族身体」ですね。

高橋　今は個別を強調していくことの方が大事になっていますが、しかし今の時代は、個別と個別の間が流動的に溶けていく時代を迎えています。自分とは異質なものを、自分のものとして受け取るセンスが問われています。

オイリュトミー

笠井　今は、民族身体をどのようにつくっていくか、誰も分からない時代です。ですから私はオイリュトミーを、大半の国民が体験できるくらいにまで広まればいいと思っています。ちょうど野球や、華道や剣道みたいに、誰でも体験できる大衆性をもつまでになれば、日本人の民族身体のあり方が、もっと具体的になるのではないかという気がします。

高橋　なるほど、「大衆オイリュトミー」ですか。

笠井　そうです、一時間もあれば誰にでも理解できるような。

高橋　それには「熱くなれる」ことが重要ですね。

笠井　そう、すぐに理解できて熱中できるような。それに面白くなくてはダメですしね。

高橋　そうなれば、他の国のオイリュトミーにも熱くなれますよね。

笠井　そうです。またオイリュトミーを知っているのといないのとでは、知っている方がいいわけで、断然、メリットが感じられなくてはダメです。言葉というものが、意味伝達のコミュニケーション手段に留まらず、オイリュトミーを通して力の流れに変わるということを感じられないといけないと思います。

高橋　オイリュトミーをそのように捉えると、まったくオイリュトミーが新しく見えてきます。僕はそもそも、「舞踏」がそのような意味ですごいと思っていましたから。

笠井　私はオイリュトミーをやってよかったなと思います。もしやっていなかったら、民族身体をつくるということを、ここまでリアルに感じることができなかったと思います。個人身体は舞踏でいくらでもできたのかもしれませんが。

高橋　客観的に向き合えたのですね。

笠井　そうですね、それは本当によかったと思います。ですから、これを何とか日本にお返ししたいという思いがあります。それこそ、自分の中にあるものが流れていかなくてはいけないと感じています。

高橋　日本語で行なうオイリュトミーは、ある程度でき上がっているんですか？

笠井　大体の方向づけはできたような気がします。

高橋　そうすると「言語形成（Sprachgestaltung）」も違ったものになるのでしょうか？

笠井　そうですね。言語形成も違ってきますね。ずばり聞きますが、高橋さんは「神国＝日本」というものをどうお考えでしょうか？

高橋　神国というのはある意味では、「文化の使命を自覚する」ということだという気がします。ですから「日本がどうして、ほかならぬ日本なのか」というイメージづくりです。

笠井　どこの国であっても神国と言っていいと思うんです。神国ではない国はないと思います。そこで、「あえて日本は神国である」と言った場合、別の意味が含まれてくると思います。ちょうどハンチントンが「日本は神国による文化づくりを行い、自分の国を神国と呼んでいる。自分の国を神の国と呼んでいるのは、日本人しかいない」と言ったように。なぜ日本人は、自分の国を神国と呼んだのでしょうか？

高橋　それだけ古い伝統、それだけ深い過去がある、ということでしょうけど、その深い過去を踏まえて、未来の方向付けを今考えなければいけないと思います。唯物文明の中での精神性・倫理の問題としてです。

笠井　私は、今の若い人たちに、割とためらいなく「神国」という言葉を使えるのです。そしてそれを聞いた人も、割と自然にその言葉を受け入れ、「神国＝日本」というものをもっと知ってみたいと感じる人が多いですね。しかしその言葉をまったく受け付けないのが「団塊の世代」の人たちです。神国と言っても通じない。

高橋　小沢一郎さんがつい最近韓国に行って、「天皇は韓国から来た」と言ったという記事が今日の新聞に出ていました。『古事記』や『日本書紀』を読むと、須佐之男命（素戔嗚尊）以来の新羅や百済と皇室との関係の深さがわかります。東北アジア文化の一番深いところに共有し合える神話があって、「日本神話」も島国・日本のものだけではなく、対馬海峡を隔てた大陸の半島とも共有できる神話があるということです。韓国の精神生活の深さを知るのに『東学史』（平凡社、東洋文庫、一九七〇年）が私の場合、特別強く印象に残っています。

「神話を共有する」という意味で、韓国とも同じ「現代の課題」がある、と捉えると、神話を通して関係が広がっていける感じがします。でも日本だけが神国だ、となると、朝鮮を植民地化した時に、朝鮮の神社の代わりに日本の神社を建てるような暴挙に通じてしまいます。

日本の神話は「他民族を否定する神話」ではありません。天照大神という太陽神も日御子＝卑弥呼という女王も、シャーマンだったと思います。太陽神から啓示を受けて、それを一般に伝える役割をもっているという形は、沖縄でも、アイヌでも、朝鮮でも、日本でも、まったく同じ形です。その共通の神話のルーツは、ツラン文化[*24]だと思うんです。例えばハンガリーともフィンランドともエストニアとも共有できるツラン文化の根底に「シャマニズム」があります。シャマニズムには、他の神や人、他の存在を自分の存在として受け入れる感覚があります。そういう共通の神話的な感覚が今求められているのではないでしょうか。

笠井　「寛容」とか「受け入れる」や「許容する」というような、あるいは「他の文化を受け入れる」という特性が日本の文化の中にあるような気がしますが。

高橋　ありますよね。

笠井　シャマニズム的な結びつきでツラン文化を考えた時に、それは文化だけではなく、経済生活や政治の中にも浸透していきますよね。

高橋　そうできたらいいのですが、現在の政治生活、経済生活はネオ・リベラリズムとグローバリゼーションの中で日本的なもの、民族的なものが忘れられています。

笠井　逆に今の時代のようにグローバルな時代だからこそ、ツラン文化的なもの、シャマニズム的なものを顧みる必要があるのではないでしょうか？

高橋　大きな分岐点に立っている今こそ、その必要があると思います。

笠井　このままでいいのでしょうか？

高橋　戦後民主主義の中ではアメリカが中心にならざるを得ませんでした。戦時中までの軍部独裁から解放してくれたアメリカが神様で、日本はその信者のようでした。私にとっても、それがあたりまえでした。それまでがあまりに非人道的でしたから。ハンチントンは「日本の文化は基本的に事大主義で、権力のあるところに付いていれば安全だという考え方しかもっていない」と書いているのも当然です。

笠井　これは、日本文化のネガティブな側面ですよね。それに対してポジティブな側面を考えてみると、日本は表立っては民主主義の形態をとっていますが、日本は「日本共和国」とか「日本立憲君主国」という言い方が成り立ちませんよね。やはり「日本国」は「日本国」だと思うのです。先日、マスコミが中国の副首相に対する天皇の扱いについて騒いでいました。これは裏を返せば、誰も言いませんけど、どこか天皇制を守ろうという感覚が働くのでしょうね。

高橋　問題の本質は「アメリカが中国に接近していて、その中でアメリカにとっての日本の位置づけが政治的にも経済的にも低くなっている。ゆえに日本も、アメリカのように中国と近くなれば、力のバランスでアメリカも日本を見直すのではないか」という発想でしょうが、僕は天皇を現在の政治、経済と結びつけて考えようとは思っていません。

人間天皇

笠井　ポツダム宣言の後、天皇は人間宣言をしましたが、「天皇」という言葉は「人間」とは違います。ですから「天皇」という言葉を残しながら人間宣言をしたということは、ものすごく大きな開きがあると思います。人間宣言をした時に「天皇」という言葉も外したのであれば、人間宣言をした意味が出てきますが。しかし人間宣言をしつつ「天皇」という言葉を残したのは、どこか二重のカラクリを設けていますよね。

高橋　天皇の存在はやっぱりシャーマンの文化から見るべきだと思いますけど。
笠井　どういう意味でしょうか、それは？
高橋　天皇にみんなが尊敬できる文化の象徴になっていただくことです。みんなに尊敬される存在である、というのは非常に大きな負担を引き受けることになると思いますけど。まして現代の政治生活、経済生活と結びつけて考える意味はまったく分かりません。
笠井　そこの部分に関して、天皇の歴史をざっと見てみますと、私は五つの遍歴があるように思えます。

「神世七世」が終わりまして、「伊邪那伎大神、竺紫の日向の橘の小門の阿波岐原に御禊祓へ給ひしときにあれませる祓戸の大神等」、この中に天照大神、月読命、ヒルコノミコト、須佐之男命等々が現れますが、この段階ではまだ「神皇」です。天孫降臨しようとするところで「ニギニギしい神」が出てきますが、これを「ニニギノミコト」と言います。この皇は「人皇」です。さらに「人皇」から「天皇」に移行するところを描いた部分が「ウミヒコ・ヤマヒコ」の神話です。また「ヒコホホデミノミコト（ヤマヒコ）」と「豊玉姫命」、この両者が竜宮で出会いますが、これは言ってみれば地球身体から民族身体に移行する非常に大切な時期にあたります。しかしこの時点ではまだ、民族身体はできあがっていません。

そしてヤマヒコと豊玉姫命の間に生まれるのが「ウガヤフキアエズノミコト」です。この名の由来は、豊玉姫命が御子を産むにあたり、天の羽衣で産屋の屋根を葺かしめるのですが、しかし屋根を全部葺かしめる前に生まれたことにあるとされています。豊玉姫命はお産の際、「ワニ」のカラダになるのです。ワニは人間が民族身体を獲得する前のカラダとして描かれているのです。いわば民族身体の胎児の時期のカラダです。

高橋　この時点では「神皇」、「人皇」のどちらに属するのですか？

笠井　豊玉姫命は女神として、神皇や人皇という言葉にあてはめるのは困難です。神皇、人皇は天界における「天皇」に対する言葉ですから。この豊玉姫命がお産をする時に、自分の姿をワニに戻すのですが、それをヒコホホデミノミコトに見られてしまうのです。それで怒った豊玉姫命は人間が二度と海に入れないように海と陸を結ぶ境界を壊して、海の宮へ帰るのです。この時に生まれたのが「ウガヤフキアエズノミコト」です。大石《おおいし》凝真素美《ごりますみ》の解釈では、羽衣を脱ぎ、産屋の屋根が葺き終わってはいないということは、神から人間に移行することを意味しています。しかしそこで生まれたウガヤフキアエズノミコト一代で「人皇」から「天皇」への移行が完結したわけではないようです。「ウガヤフキアエズ朝」と言いまして、五十から六十代ぐらいかけて徐々に移行が成されたそうです。ですから一人の人間ではなく、非常に長い時間をかけているのです。「ウミヒコ・ヤマヒコ」の時はまだ「人皇」ですが、「ウガヤフキアエズ朝」という長い期間を経て生まれたのが「神武天皇」です。

高橋　「人皇」は肉体を持っているのでしょうか？

笠井　人身は持っているのですが、イメージ的に言えば胎児の状態です。

高橋　神々の系譜をイメージしようとすると、まず「ヒエラルキア」のイメージが出てきます。ヒエラルキアの中で子供を産む、あるいは親と子の関係が成り立つのでしょうか？　または霊的存在が別の霊的存在に何かを委託することの象徴でしょうか？

笠井　神皇の時代の生殖は、男と女の性行為で生まれていく生殖とは違うと思います。言葉自体が生殖器官で、言葉の力でカラダをつくる時代だと思います。ですから精神が受胎作用を行なっているのではないでしょうか。天照大神と須佐之男の「ウケヒ」というのがあり、お互いに語りあって「剣が折れたところから様々な神が生まれた」という行がありますす。これは生殖でもありますが、言葉によって生まれてくる神々なんですよね。ですから神皇から人皇に移行した際に、生殖のあり方そのものも変わったと思うのですが、いかがでしょうか？

高橋　僕には全然分かりません。唯一考えられるのは「委託」ということです。委託を受けた神が、また次の神に委託を伝えるという形です。そのようにして代が変わるというイメージなら分かるのですが。親子のイメージというのは、全然持てなくて。親子のイメージですと、なんで男女の神ではなくて単独で子供が産めるのかとか、女神と男神の関係にどんな愛があるのかと考えてしまいます。神を肉体のレベルで推測している感じがします。ある時期から神が人間になるというのは、ある時期にキリストがイエスに変わるという意味で、霊界から地上界に降りてきたわけですよね。そこからでしたら、明らかに人間同士ですから、「三種の神器」のようなシンボルを伝えることで、代を変えるということのイメージを持てるのですが。

笠井　「三種の神器」については是非、次回に改めて高橋さんとお話していきたい重要なテーマと思っています。ここで、先ほど申し上げた天皇の歴史における五つの遍歴に話を戻しますと、すでに三つ出て来ております。

一番目に「神皇の時代」、二番目に「人皇の時代」。「人皇」から「天皇」への移行の時代にあたる「ウガヤフキアエズ朝の時代」。三番目に「天皇の時代」です。そこで、初代天皇である神武天皇の和号は「カミヤマトイハレヒコ」と言いますが、「イハレヒコ」は「岩《イハ》」と関係あって「土のカラダ」の意味だそうです。『日本書紀』を読みますと、この「イハレヒコ」は霊界参入の型を全てはっきりと打ち出した天皇です。イハレヒコの歩いた道筋を辿りますと、「地水火風」の場所を全て巡っています。最後に「メルクリウス」と同じシンボルである「ヤタカラス」によって伊勢に到着します。イハレヒコの「熊野の体験」のイメージは「土の中から人間が生まれてくる」というものです。いずれにしましても、神武天皇によって初めて、日本の秘儀参入の原型が出てきたということです。天皇が政治の方に結びついていったのは、大体十代目の崇神天皇からのようです。こうして天皇が政治と結びついた時代が出てきます。そして四番目に明治天皇において、完全に「国家権力の象徴」にまでなりました。最後に五番目の遍歴である太平洋戦争終結後の「人間宣言」になります。

一、神皇
二、人皇
三、神武天皇
四、明治天皇

五、人間宣言

このように天皇の遍歴をざっと見てみますと、先ほど高橋さんがおっしゃったように、再び天皇がシャーマンとして立つべきかどうか分かりません。

高橋 僕の考えはものすごく単純で「皇室に人権がない」ということ自身が、非常に近代的な意味で、ありえないと思うんです。だから、皇后様が病気になるんですよね。病気になるということは「ありえない状況」におかれるということですから。単純に「そういう非人間的なことがあっていいのか?」という、それだけの問題です。「天皇制という制度を前提にして、しかも人間的であるという人権の在りようです。

笠井 よく我慢されていますよね。

高橋 そうですよ、病気になって。病気になることで表現するしかない。あの美智子さまは言葉が出なくなってしまったのですからね。自分の国の一番大事な存在が、言葉が出なくなっても、みんな何とも思わないというのは、日本人の文化感覚として、最悪としか思えません。

笠井 高橋さんご自身は、天皇制がなくても問題はないですか?

高橋 日本で、ですか?

笠井　はい。

高橋　天皇制によって、物質中心の現在の日本社会の中に道徳が保たれていると思っています。

笠井　そうしますと、社会三分説的な観点で言いますと、日本の天皇は「象徴」です。文化、精神生活、政治、全部の象徴ですよね。

高橋　シュタイナーの社会思想は、法、政治生活と経済生活の土台に精神生活をみるのですが、その精神生活が現在ではイデオロギーになってしまっています。でも日本は天皇の存在が、しっかり民族共同体の土台になってくれている、と思っています。

笠井　もう一度天皇を、シャーマンや宗教的なところにはっきりと位置づけたとしたら、政治や経済に関わる必要はなくなりますよね。

高橋　ええ、でも天皇御自身がシャーマンであるかどうかではなく、国体のために、その時その時の天皇がお元気でいられることです。京都に立派な皇居があるのですから、時折京都御所に戻られて、もっと自由になられたら、嬉しいです。

笠井　すると東京の真ん中の皇居ではなく、京都御所に移られた方がよいということですか？

高橋　そうではありません。今は二時間で東京と京都を行き来できますから、自由に二つの皇居を利用なさったらいいと思います。

笠井　ある意味で、日本の政治は明治以降、天皇の立場を曖昧にしてきました。非常に中途半端なところにおいて、象徴であっても象徴でないとか、人間でもないし神でもない、絶対にはっきりさせないところがあったと思います。

高橋　でも明治天皇も昭和天皇も「天皇の意志」がありました。戦後も新憲法の下で、自由に発言していただきたいです。

笠井　三島由紀夫さんは、軍隊は天皇に属すると考えました。そうすれば、天皇の場所というのが、もっと明確になりますよね。統帥権は天皇にあると主張したわけですから。実際にそうであったわけではなく、あくまでも主張しただけですから。

高橋　三島由紀夫さんの『文化防衛論』（新潮社、一九六九年）の中の天皇論には、とても本質的なことが論じられています。今回の冒頭で話し合った「個体主義」から見た天皇論です。三島さんは天皇を「文化概念としての天皇」として論じています。つまり「国家とは次序の異なるもの」、天皇による統一は「政治的統一ではなくして文化的な統一なのである」、と書いています。

笠井　十五、六年程前ですが、『儒教ルネッサンスを考える』（溝口雄三・中嶋嶺雄著、大修館書店、一九九一年）という本が出ましたね。あの本に関連して、当時、高橋さんが東アジアの中に日本や韓国といった中心地があって、そういったことを改めて捉えなおすことが重要だということをおっしゃっていました。短絡的な質問ですが、高橋さんの中で儒教的なものと政治はどのように結びついていますか？

高橋　僕の感じでは、世界的な意味で、政治の観点から見ると、「全ての国が国民国家」なんですね。「国民国家」というのは、ある特定の土地に住む人たちを代表して、その土地の生活の安全を保障するシステムのはずなんです。ですから宗教が介入する余地はないんです。「国民国家」はナポレオン以降のシステムで、他国との関係において「滅ぼすか、滅ぼされるか」というあり方ですから、まったく政治の論理でないと役に立ちません。そこに宗教が介入すると、今日のイスラム圏のように混乱するしかありません。

笠井　するとツラン文化圏や儒教文化圏には国民国家とは別の国家概念なり、民族概念というものが必要なのでしょうか？

高橋　すべての国が国民国家だと思うので、ツランでも儒教でも同じです。理想は同一民族による同一国家ですが、現実はそこから遠いです。国家のレベルですと「力があるか、ないか」ということになります。それでハンチントンは「国家と文化がまったくひとつになっているのは、日本だけだ」と言ったわけですね。

最近、孫崎享さんが『日米同盟の正体——迷走する安全保障』（講談社、二〇〇九年）という本を出しましたが、この本はほとんど、自分の危険を考えないで告発した本だといわれています。森田実さんが「この著者は、このあとどうなったか心配だ」と言っているぐらいです。その孫崎さんは、一九九〇年代にイラン大使をやっていた外務省の幹部の方です。この本の中で、大事な告白をしているのですが、二〇〇五年に日米間で、安保（日米安全保障条約）とはまったく違った条約を取り交わしたのに、そのことが公にされていない、というのです。

笠井 それは、今話題になっている佐藤元首相が取り交わした沖縄に関する密約と関係しているのですか？

高橋 ええ、それとも関係あると思うんですが、安保では極東の平和維持のための同盟でしたけど、二〇〇五年の協定では、規模が世界に広がったというのです。世界的に規模が広がったということは、イラクやアフガニスタンの状況まで、日本が責任を負うことなのだそうです。そのことを国民が知らないということと、一番問題にしているのは、アメリカからの圧力に最後まで抵抗できたのは「官僚」だと、彼は言っています。経済界も、政界も、政治家も、もうまったくアメリカの言うがままで、何も反抗する意志がなかったというのです。この本を書いたのは、今年（二〇〇九年）の春ですから、まだ政権が代わる前の話です。自民党系の代議士、政治家の中で、アメリカの要求を身を挺して撥ね付ける人は誰もいないと言っています。

笠井　たしかに佐藤優さんも日本の官僚はすごいと言っていますよね。

高橋　それで、二〇〇五年あたりから、アメリカが「官僚叩き」を求めているんだそうです。そしてその要求に従っているのが、日本のジャーナリズムと政治と経済界だそうです。今、唯一日本で信頼できるのは出版社だけだと言っています。出版活動にはまだ、圧力がかかるところまで行っていないそうです。でも新聞や週刊誌は完全に、アメリカの言うとおりだそうです。単行本はまだ自由が残されている。唯一、そこだけが救いだそうです。

認識論の彼方

笠井　民族身体の発生に関連して、高橋さんにお聞きしたいのは、意識と生命は如何にして生まれたのか、という問題です。いわゆる脳科学では、意識は脳によって生まれたと位置づけていますが、しかし、やはり意識の発生と民族身体の関係は非常に深いですし、民族身体というものは物質として存在できるのか、あるいは、意識の在りようの中から民族身体が生じるのか。これは個人身体の捉え方についても同じで、個人身体を物としての身体を指すのか、あるいは身体の捉え方を個人として捉えているのか、という問題に通ずると思うのです。

そこでカント以来の先入見、「表象は常に主観的なものでしかない」という捉え方は、今では広く一般化されているような気がしますが、ちょうどひとつの花を百人の人間が見た時に、個々人が抱く表象は、百人いれば百人の捉え方で出てくるという考え方です。これは「表象そのものが主観的な特性をもっている」という前提の上に成り立つ考え方ですよね。

この部分をルドルフ・シュタイナーとの関連でみていきますと、シュタイナーにとっての最初の哲学的な作業というのは、こうした前提をまず外したところにあると思うのです。これがシュタイナーの認識論の根底にあると思います。例えば『ゲーテ的世界観の認識論要綱[*25]』(筑摩書房、一九九五年)はシュタイナーがまだ二十八歳のときに書いたものですが、あの本の中で彼は「表象は常に主観的なものでしかない」という前提を外さない限り、認識論は成り立たない、とはっきりと述べています。シュタイナーは表象が視神経を通って脳の中に入ってくるということは事実として認めながら、それは生理学的な論理の上で成り立っているのであり、生理学を哲学の根底に置くこと自体が間違っていると述べています。ここが、シュタイナーの認識論の出発だと思います。

ですから、「あとから頭の脳を解剖してみたら神経があって、だから表象というものは主観的である」という前提を設けるのではなく、表象というものをどこまでも謙虚に見るわけです。そして、そこには主観という前提は入らない、また「経験」のいちばんの根底である「純粋経験」の中にも「思考」は入らない、というのがシュタイナーのとった立場です。この辺のことと、意識の誕生ということは関連していると思います。

高橋　シュタイナーにとって、外の世界を人間が表象する時、それが主観的だとすることを疑うのは、その時同じく、「表象の対象」であるはずの「脳」とか「神経」が存在していることも「主観的である」という立場が、前提されているからですよね。もしそうであれば、一切の生理学的なプロセスそのものも、主観的だと言わなくてはいけない。そうすると「主観的である」という主張そのものが「主観的である」ということになります。

笠井　まったくその通りだと思います。しかし、どうしてそこのところで、二千年以上も哲学史は闘争しなければいけないのでしょうか？

高橋　おそらく「主観的である」という言い方にしてしまったのは、近世になってからだと思います。それ以前は「認識論」ではなく、「存在論」だったと思うのです。「存在論」の哲学は、存在を前提としてその存在の意味を問うことです。哲学の主流が認識論に変わったのは、多分、カント以降だと思います。

笠井　「表象は常に主観的なものでしかない」という前提を、われわれの脳や神経という表象に対して持った時、人体そのものが主観的な存在になってしまいます。ですから、この時点ですでに認識論的にはありえないことなのです。しかし、ちょうどシュタイナーも物を見る時に、「視神経を通って脳の中に入ってくるということは事実」であるということを認めているように、「神経や脳がなければ意識はない」というのは生理学的な立場からすれば、まぎれもない事実です。しかし、だからといって「意識が神経の総合的な作用の中から生じた」と結論づけてはいけないと思います。ここは、どうしても、現代人にとって、認識論的には大きな矛盾のように感じられると思います。それで茂木健一郎さんは、この部分を解き明かしてくれたら、「ノーベル賞を差し上げたいぐらいだ」と言ったそうです。

高橋 僕も認識論にこだわり続けていたら、大事な問題に行き着かない気がします。その議論そのものに興味はありますが、やはりみんな感覚を働かせて生きていて、それで喜んだり、悲しんだりしているわけですからね。恋人に向かい合ったときに、相手を「表象」なのか、「物そのもの」なのか、とかは思いませんものね。

笠井 最近、現代思潮社の石井恭二さんが「一休さん」の本(『一休和尚大全』上・下、河出書房新社、二〇〇八年)をお書きになって、それを読んだのです。その中に次のような話が出てくるのですが、非常に優れたお坊さんのお世話を二十年間していたお婆さんがいたんですって。このお坊さんは一休さんのことではないですよ。そのお婆さんがある時、ある若い娘に「お坊さんのところに行って、一晩一緒に寝てきなさい」と言って、その娘をお坊さんのところへ出すのです。翌朝、お婆さんが娘に「どうだった、昨夜は楽しかったかい?」と声を掛けると、娘はどう答えたかというと、「枯れ木が岩に寄り添う感じでしたよ」答えたそうです。お婆さんはそれを聞くと「あの人はなにも分かっていない人だ」と言って、怒ってお坊さんのところから出て行ってしまった。こういう話なんですが、もしかしたらお婆さんの方が、お坊さんより優れていたのかもしれませんね。

高橋 そのお坊さんは、煩悩を絶っていたのですか？

笠井 絶っていたでしょうね。だから感覚がなんであるか、分からなくなってしまったのでしょうね。

高橋 大体、お坊さんはなんで禁欲的でなくてはいけないのでしょうか？

笠井 そういう問いを突きつけたのが、一休さんだそうです。

高橋 なんか中学や高校の学生と同じで、禁止するものがあるから、それを破る者もいるんでしょうね。

笠井 一休さんは七十七歳で「おしん」という女性と出会って、それですべてが分かったそうです。

高橋 人間だったら誰でも相手と何かを共有したいと思うでしょうけど、お坊さんは、完全に孤独になりきらないと仏との縁が結ばれない、と考えるんでしょうね。しかしこころやからだを通じ合わせる相手の中に仏がいると考えれば、そのように分ける必要もなくなります。なんか全部、分けるんですよね。善か悪か、禁欲か破戒か、正か偽か、と

現代思潮新社

図書目録

112-0013 東京都文京区音羽 2-5-11-101　TEL 03-5981-9214　FAX 03-5981-9215

郵便振替 00110-0-72442　http://www.gendaishicho.co.jp　E-mail:pb@gendaishicho.co.jp

ISBN 表示は「978-4-329-」を省略しています。（　）内の数字は、発行年月、〔　〕内の数字は復刊の年月です。

表示は本体価格です。別途消費税がかかります。

唯一者と無
シュティルナー・フォイエルバッハ論争を見直す

服部健二　10015-3 2000円（23・4）

私は私の事柄を無の上にすえた——十九世紀ドイツ思想界を震撼させた『唯一者とその所有』。シュティルナー哲学の核心に迫る。

もぐら草子
古今東西文学雑記

鈴木創士　10014-6 2400円（22・6）

古今東西の文学の土中を掘りすすむ！

文楽徘徊

鈴木創士　10013-9 1800円（21・12）

前代未聞の文楽考！　文楽を観劇し、思考を徘徊する！

戦略としての人智学

高橋巖　笠井叡　対話　10012-2 2200円（21・10）

生命・意識・身体から神話・国家・民族まで、思想が生みだされる瞬間をとらえた対話の現場を再現！

ヘーゲル哲学研究　第29号

日本ヘーゲル学会編　10016-0 1800円（23・12）

特集＝ヘーゲルと精神分析

文明と哲学　第16号

日独文化研究所編　10018-4 二〇二四年三月刊

文学空間　新装オンデマンド版

モーリス・ブランショ／粟津則雄、出口裕弘訳　02081-9 6400円（20・4）

グラマトロジーについて
上・下　上00029-3 下00030-9 各3800円

ジャック・デリダ／足立和浩訳

〔根源の彼方に〕ルソーの批判的読解を含めたエクリチュールの大著。（72・6、72・11）

神話作用

ロラン・バルト／篠沢秀夫訳　00059-0 2400円

卑俗な文化風俗現象に構造主義的な視点から言語＝秩序神話への拝跪を断つ批評。（67・7）

文化のなかの野性　新装版
芸術人類学講義

中島智　00410-9 3500円（19・4）

疫病流行記

ダニエル・デフォー／泉谷治訳　02082-6 2800円

一六六五年、ペストがロンドンを襲った。（20・6）

米騒動という大正デモクラシーの市民戦線
始まりは富山県でなかった

井本三夫　10009-2 3400円（18・12）

街頭騒擾に矮小化されてきた「米騒動」像の転換を迫る最新の研究！

悪徳の栄え 正
マルキ・ド・サド／澁澤龍彦訳　00006-4 2800円
権力・神・道徳を根底的に嘲笑し、戦慄渦巻く悪徳と淫蕩を描いた大暗黒小説。〔59・6〕

悪徳の栄え 続　00007-1 2800円
復活するサド、無削除版。「猥褻文書」として国家権力によって発禁された初版。いま甦る。〔59・12〕

悲惨物語
マルキ・ド・サド／澁澤龍彦訳　00094-1 2000円
戦慄すべき近親相姦の家庭悲劇！　反家庭の思想が高度に結晶した代表的中篇小説。〔58・10〕

サド裁判 上・下
現代思潮社編集部　各3800円
上02056-7〔10・4〕　下02061-1〔10・05〕
『悪徳の栄え』発禁をめぐるサド裁判の記録は繰り返す猥褻、芸術論争の指標。

神経の秤・冥府の臍
アントナン・アルトー／粟津則雄、清水徹訳　02012-3 3500円
己れの思考と肉体を回収不能な代償として表現の極限へ疾走するアルトーの著作。〔07・7〕

アントナン・アルトーの帰還
鈴木創士　00452-9 2000円
伝説のシュルレアリスム革命の詩人＝役者の壮絶な後半生を小説によって描く。〔07・7〕

シュールレアリスム宣言集
アンドレ・ブルトン／森本和夫訳

闘牛鑑
ミシェル・レリス／須藤哲生訳　02016-1 2000円
〔画・マッソン〕聖性探求者が凶暴な力と死満つ闘牛場の典礼美と供犠に投身。〔07・8〕

夜なき夜、昼なき昼
ミシェル・レリス／細田直孝訳　02076-5 3200円
レリスの夢日記〔13・9〕

蠟燭の焔
バシュラール／澁澤孝輔訳　02013-0 2500円
身近に点る火をめぐる夢想は知識を厳しく斥け宇宙の本源へ向う極限の想像力論。〔07・8〕

零度の文学
ロラン・バルト／森本和夫訳　00118-4 2000円〔65・12〕

ニジンスキーの手記
V・ニジンスキー／市川雅訳　00084-2 2400円
〔肉体と神〕過渡の素朴さに溢れ燃えたって書遺した肉体と生と死と感情の聖典。〔71・11〕

ニジンスキーの芸術
G・ウイットウォース／馬場二郎訳　00140-5 2500円〔77・2〕

サドは有罪か
シモーヌ・ド・ボーヴォワール／白井健三郎訳　02055-0 2600円
サドの宿命、逆説を歴史的に決定し、かつ人間実存の根元性において追究する。〔10・1〕

四運動の理論 上・下
シャルル・フーリエ／巖谷國士訳
上 品切れ　下 00420-8　各2800円

エレジー、唄とソネット
ジョン・ダン／河村錠一郎訳　02014-7 2500円〔07・8〕

幻視者 上・下
ジェラール・ド・ネルヴァル／入沢康夫訳
上00318-8 2000円　下00319-5 2400円〔68・1〕〔68・8〕

敷居学
ヴィンフリート・メニングハウス／伊藤秀一訳　00414-7 2400円
パサージュ論や神話論にとり組んだメニングハウスのベンヤミン論。〔00・10〕

音楽的時間の変容
椎名亮輔　00440-6 2600円〔05・2〕

ローリング・ストーンズ
ある伝記
フランソワ・ボン／國分俊宏・中島万紀子訳　00442-0 8000円〔06・1〕

ミッキー・マウス
――ディズニーとドイツ
カルステン・ラクヴァ　00425-3 2800円
／柴田陽弘監訳・眞岩啓子訳
ディズニー社の知られざる事実と歴史。ミッキーの稀少な写真60数枚収録。〔02・12〕

夜警
ボナヴェントゥーラ／平井正訳　00310-2 1600円〔67〕

太陽の都・詩篇
トンマーゾ・カンパネッラ／坂本鉄男訳　00315-7 1800円〔67〕

か。でも鈴木大拙師は、そういう二分説を西洋の本質として非難しています。「外」と「内」の場合でも、「外」を「内」だと思えば「内」になるし、「内」を「外」と思えば「外」になる。それが東洋の考え方だというのですが、一休さんあたりになると、当り前のように、そういう考えになるのでしょうね。

動物と感覚

笠井　『大乗起信論』（岩波文庫、一九九四年）はその辺のことを集中して問題にした文献だと思います。そこで、ジュラ紀に「何とかザウルス」とか、恐竜がいたわけですよね。しかし、人間は誰一人それを見ていません。ですから地層に残った化石を修復して組み立てて、「こういうものがいた」というふうに見ます。しかしこれは「ジュラ紀を外から見た視点」においては存在していますが、もし「ジュラ紀を内側から見たら」、——これは恐竜が見ていたジュラ紀の様子のことですよね。すると、「外から見たジュラ紀」と「内から見たジュラ紀」は全然違ってきます。あるいは、「宇宙の最初に内部があった」と言った場合それは理解できるのですが、「宇宙の始めにビッグバンがあった」と言った場合、これは、外から見た人は誰もいないわけです。内側は外ではないですから「私は見ました」と言っていいのです。

高橋　「ジュラ紀を内側から見る」というのは、初めて聞きました。

笠井　これは私の勝手な言い方かもしれません。動物でも自分の体を見られる動物と、見られない動物がいます。人間や哺乳類は自分の体を見ることができますが、魚類になると自分の体はまったく見えません。目玉が左右の真横に付いているので、自分の顔も分からないでしょう。生涯、自分の体を見たことのない存在は、魚類だと思うのです。例えばジュラ紀に存在していた魚類は、地層からその化石を掘り出して、外からジュラ紀の魚であるという言い方はできます。しかしジュラ紀に外からその魚を見た人は誰もいませんし、その魚自身もジュラ紀に自分の体を見たことがないのですから、その魚にとって体は海そのものとしか言いようがないという気がします。魚の視点に立って、中から体を見たら海しかない。外からみたら小さな魚になります。それぐらい、内部と外部の見え方は違ってくると思います。こういう見方はおかしいですか？

高橋　いえ、今とてもビックリしたのですが、自分の体を見ない魚の方が、意識が広いのですね。

笠井　海そのものが自分の体であるという確信がありますから、広いのです。ですから、魚は何千匹でも、ダンサーでは絶対にできないユニゾンの動きができるのです。何千匹の魚が一斉に同時に方向転換したり、回ったりです。

高橋　どうしてできるのでしょうかね？

笠井　それは「海が体だ」という意識を持っているからでしょうね。周りに合わせようとしたら、絶対にできない動きですものね、あれは。

高橋　不思議ですね、それは。蟻も、ちゃんと一列になって行きます。

笠井　クジラなんて、あんなに大きくても自分の体を見られませんからね。呼吸をしているとかの感覚はあると思いますが。しかしそれは内側の身体感覚の問題で、外側からは自分の体を見ることができません。ですから、「環境が自分の体だ」としか言いようがないです。

高橋　すると人間は、いろいろ修行をして、やっと魚の意識にたどり着くのでしょうか。

笠井　そんなところでしょうか、きっと。人間は自分の体の一部でも目で見ることができますから、自分の体の大きさを皮膚の内部の大きさに限定しようとします。自分の体の一部でも見られる動物はどうでしょう？　多分、人間だけでしょうね、自分の体の大きさを皮膚の内部の大きさに限定しようとするのは。

高橋　内と外を区別しない動物には、エゴイズムがないですね。

笠井　すると、動物の場合「自己意識」と言っても「意識」しかないんですかね？

高橋　内イコール外なら、そうです。人間の場合は、外が「好ましい」か「好ましくない」かに分かれます。魚の場合には外と内がないわけですから、「存在している」ことが全てですよね。更に人間は言葉で意識の世界がつくれます。また記憶の力で自分の意識を確認することもできます。その言葉がクリエイティヴな力にもなります。人間の意識もその言葉の創造力を受けて、意識を変えていくことができます。自分の中から新しい意識内容をつくり出すことができるのです。

笠井　確かに、ベートーヴェンが作曲してくれなければ、誰もベートーヴェンの音楽を意識することができません。この場合には音楽があるから意識されるわけですよね。でも意識だけではないですよね。

高橋　美的意識になるのですね。ベートーヴェンの音楽によって意識が美的になります。音楽も広い意味では「言語」です。「音楽言語」とか「造形言語」とか言いますが、それによって、その人の意識に新しいいのちが与えられて、さらにメタモルフォーゼしていくことが可能になります。

笠井　人間の体や植物、鉱物を、外から見ると、いわゆる自然界ですけど、自然界を内部からイメージしたら、それは「宇宙」だと思うのですが。

高橋　そう考えると自分という存在こそが宇宙であるとも思えますよね。小宇宙と大宇宙の一致です。自分を小宇宙と思えたら、自分の意識が大宇宙の意識と通じていると思えます。そう思えるか、思えないかは、すでに宗教問題だと思います。もし思えたら、グノーシスのように、ひとりひとりに神が宿っている、と思えるでしょう。そしてその自分の内なる神は、天地を創造した造物主の神と通じていると思えるでしょう。人間がこの世に存在することで、宇宙が何十億にも個別化されて、ひとりひとりの中に生きているんですね。どんな人もそのような途方もない状態で生かされている気がします。

笠井　天孫降臨では、まだ人間は地上に生まれていませんから、宇宙と人間は分かれていません。そこで肉体という物質を持った人間が現れる前の宇宙を考えた時に、明治の神道家で堀天龍斎という方がこんなことを言っているのです「有形の身体が無形になると天が現れる。無形の天が有形になると身体が現れる」という言葉です。これはシュタイナーの「人間よ、お前は宇宙の縮小された姿だ。宇宙よ、お前は遥かな果てにまで流れ出た、人間の本質だ」という言葉にまったく通じています。この堀天龍斎が言った

「天」とは自然界の空・天ではなく、目に見えないものとしてのコスモス・宇宙のことを指していると思います。

万物が生成し始める前の天・宇宙を内面の宇宙として捉えた時、その内面が外面に変わっていくプロセスを、宇宙が次第に自然界に変わっていくというふうに捉えてもいいのでしょうか？

高橋 それが神秘学の宇宙論の本質だと思います。そしてそのことと、人間がひとりひとり生きていることの生き甲斐が、通じ合っていると思います。だからどんな人も、絶対に存在する意味と価値を持っているのです。ある政治家が「一人の命は地球よりも重い」と言いましたが、一人の人間の中に、限りない可能性が与えられているのですから、ひとりひとり生きているとは、なんというすごいことかと思います、ひとりひとり、みんなが絶対的な意味をもって生きているということは。他の人ではやれないことを、それぞれがやっているということです。「なんで人を殺してはいけないのか」という問いにも通じます。子供のころに「宇宙感覚」が育っていれば、「死ぬ」とか「殺す」とかいう方向には行かないと思うのです。今日はこの辺までにしておきますか。

笠井 そうしましょう、どうもありがとうございました。

（二〇〇九年十二月二十四日　町田市民フォーラム）

戦略としての人智学　Ⅲ

行法について

笠井　最初にルドルフ・シュタイナーが提示した行法のあり方や、日本の伝統的な神道を中心にした行法のあり方が、今の時代にどういう形で結びついているか伺いたいと思っています。

高橋　神道系の修行については、笠井さんが実際に実践されているので、逆に私の方からも、いろいろお話を伺いたいと思います。

笠井　私のわかる範囲であれば、お話しいたします。そこで、この問題をシュタイナーの『いかにして超感覚的世界の認識を獲得するか』（ちくま学芸文庫、二〇〇一年）との関連で見ていきたいと思っているのですが、この本の中で、私が非常に不思議に思い、まだ解決がついていない箇所があるのです。

それは、仮にヨーロッパのキリスト教的な行、あるいは薔薇十字[*26]の行を「男性的」といい、それに対してシャーマニズム的な行を「女性的」といった場合、このシュタイナーの『いかにして』はシャーマニズム的な方向ではなく、「男性的」、あるいは「思考」を中心にして書かれたように思えるのです。具体的にオカルト的な修行によって捉えられる人体は、「七輪論的な身体」の捉え方と、「六輪論的な身体」の捉え方がありま す。この場合の「輪」は「チャクラ」のことを指します。つまり身体を「七チャクラ」[*27] で記述するのと、「六チャクラ」[*28] で記述するのでは大きな違いがあると思います。シュタイナーは六輪論的な立場で身体を記述しています。

ヨーガでいうところの七番目のチャクラは「サハスララ・チャクラ」と言いまして、人間の身体の究極のチャクラと捉えられているので、日本語でも「千弁チャクラ」とも呼ばれ、人間の霊性のすべてが開花するチャクラと考えられています。生理学的に見ると、ちょうど、このチャクラは「松果腺」のところに位置しています。しかし六輪論的な見方では、この「サハスララ・チャクラ」は問題にされません。眉間の奥の「下垂体」に位置している「アジニア」とか「メルキュールの柱」とも呼ばれているのが最上位のチャクラです。具体的に言うと、この「二弁の蓮華」は男性的であるのに対し、一番上の「千弁蓮華」と呼ばれているチャクラは女性的なチャクラといわれています。シャーマニズム的な行において、この女性的な「千弁蓮華」はとても重要な意味を持ちます。

シュタイナーは、あえてこの千弁蓮華を外して、六輪論的方向で行を開示したのは非常に特徴的だと思うのです。

高橋　漠然とした印象なのですが、「男性系・女性系」という捉え方は、二元論だと思いますが、霊的観点に立つ時は、むしろ「間に立つ」三元論になる、と思います。今のお話の「千弁蓮華」も三元論に通じるのではないでしょうか。霊的立場に立つ時は、男と女も、善と悪も超えています。その点では、シュタイナーもシャーマニズムも、同じところに立っていると思います。

笠井　シュタイナーは『いかにして超感覚的世界の認識を獲得するか』以外の著作、例えば『オカルト生理学』（ちくま学芸文庫、二〇〇四年）の中では、この女性的なチャクラにあたる「松果腺」についても、かなりすごいことを言っています。しかし行の開示にあたっては、このチャクラについては触れていないのが不思議だったんです。[*29]

高橋　『いかにして……』の最後に「境域の守護霊」が出てきます。この「守護霊」とは、自分の中の悪を意識させる働きのことですが、それをふまえた上での『いかにして……』の「行」なのだと思います。つまり近代の自然科学的思考を学んだヨーロッパ人に対して語っているので、本来のエソテリックな行法には触れていません。彼の著書では『神秘学概論』の「黒い十字架上の七つの赤いバラの花」の冥想のところではじめてその「千弁蓮華」に触れているのではないでしょうか。その場合、自分を無にして対象に帰依していくという方向へ向かいますが、場合によっては、いつ、自分では処理できないような霊的体験の中に入り込まないとも限りません。だからそのことをふまえた修行、つまり孤独な道を辿るときには、「善と悪」の問題をいつでも意識している必要があって、それがないと、今の時代は生きられないという時代感覚がシュタイナーにはありました。

六輪論と七輪論

笠井　図式的に言えば、六輪論の立場から見るならば、先ほど高橋さんのおっしゃった善と悪との戦いという行の形態をとると思います。ですから、このシュタイナーの行というのは徹底的にモラルを中心にしています。つまり行のテクニックの部分についてはほとんど述べていなくて、宇宙感情というか、感情の使い方を徹底的に述べているような気がします。

例えば仏陀が提唱した八正道《はっしょうどう》がありますが、これはモラルにおける心の戒律を説いたもので、シュタイナーの述べ方はそれとはまた違います。シュタイナーは、「表象をどのように捉えればいいのか」、「行動の根拠をどのように捉えればよいのか」、そのような述べ方をしています。そこで重要なのは、それを通して、なにが今の時代において闘うべき悪と善なのかということを捉えることだと思います。

シュタイナーによれば、喉の位置にあたる第五チャクラは一六弁のチャクラで、その内の半分の八弁は古代においてすでに開発されたので、残りの八弁の開発が現代において大切になると言っています。ここで佐藤優さんが『日本国家の神髄』（産経新聞社、二〇〇九年）の中で引用している竹田恒泰氏の現行憲法第一条の象徴天皇についての言葉（『正論』平成二十年七月号における倉山満氏との対談）から次の一節を読んでみたいのですけど、

言うまでもなく天皇は、今生きている国民のためにだけに存在するのではありません。二千年にわたり守り続けてきた先人たちのために、そして今後も守り続けていくであろう子孫のために、存在しているのです。その理由や意義について合意する必要などなく、存在してきた事実そのものを、率直な気持ちで見つめることが必要ではないでしょうか（二二八頁）。

とあります。日本にはもともと個人主義とか個体主義というものは存在しておらず、君臣一体、天皇と民は一体であるという意味においての「和」がありました。ですから、この佐藤さんの『日本国家の神髄』の基調になっているのは、個体主義を元にしているのではなく、ある共同体的なものが前提になっていると思います。そしてこの前提については、存在意義を問う必要はないと言っています。それを国の体という意味での「国体」として捉えています。

ですから、国体とは、憲法とか習慣法とかではなく、個体主義に代わる、国体があったとしているのです。そして国体というのは建国と同時に生まれたものです。そういう文化の中心にあるものは、私は六輪論ではなく七輪論ではないかと思います。七輪論のチャクラの内、松果腺に位置している第七チャクラに関しては、シュタイナーもいろいろなところで述べていますが、「物質と霊が融合するところ」と述べています。ただし、この場合のシュタイナーの指す物質というのは、いわゆる熱物質のことだと思います。熱の中で物質と霊が融合し、それがこの松果腺に位置する第七のチャクラです。今の日本人が国体を前提にして文化の一番の根源に立つならば、七輪論的な立場になるかもしれません。また一方に、個人主義、個体主義をもちつつ、君臣一体、天皇と民の融合性を考えてみるならば、シュタイナーの言う六輪論は重要な意味をはらんでいるのではないかと思います。

高橋　千弁蓮華のことはよく分かりませんが、内面を空にして霊界から流れてくるメッセージを待っている瞑想の状態の場合、ひたすら受け身でいるのが女性的な七輪論で、そこに思考が能動的に働くのが男性的な六輪論なのでしょうか。私たち日本人が日本語を母国語にして、日本語でものを考える時、日本の伝統の中で生かされているわけですから、民族としての生き方は、佐藤さんの言っているように、日本の国体に生きる根拠を見出しています。

しかし、私たちの生きる課題は、未来とも通じています。つまりどんな存在も、いのちのある限りは同じ状態に留まりません。同じ状態に留まって結晶化すると死んでしまいます。ですから国体を変わらない結晶化したものとして受け取るのではなく、国体を生命体として、進化していくものとして能動的に受け取る必要があります。そうでないと、何かを生み出す方向には行かないような気がするのです。この結晶化から守ってくれる生命のいとなみとその第七チャクラとは関係があるのでしょうか。

笠井　そこは重要なポイントだと思います。佐藤さんが通常の思想家と違うところは、ご自分の思想に命を懸けているところですね。命を懸けているからいいというわけではありませんが。例えば憲法改正の問題にしても、改正をするかしないかよりも、事実ここに存在する国体が生きているのか生きていないのか、そこから憲法の問題を考え直すことが重要な気がします。

他方、日本には憲法なんかなくても国体という型があればよい、だから九条も問題ならないし、その型に再び命を甦らせられるか、という考え方もあります。佐藤さんの国体論というのは、読み方にもよるのですが、カミヤマトイハレヒコノミコトによって建国された国の実体が、そのまま保たれて来ている感じはしないですね。どこかで切れていると思います。しかし切れたものに対して、どのように再び向かうことができるかという問題意識があると思います。

この問題と全然別なのですが、三島由紀夫さんが書かれた『豊饒の海』の四部作ですが、あれは文学作品として書かれていますが、読み方によっては国体論なんですね。私は久しぶりに読んでみまして、今ちょうど第三部のところなんですが、「輪廻転生論」と「国体論」が微妙に一緒になっているような気がします。佐藤優さんと三島由紀夫さんの違いは、三島さんの根底にはニヒリズムがあるところです。つまり「ニヒリズムをもたない国体論」と「ニヒリズムをもった国体論」です。

天皇と社会三分節

高橋 例えば具体的に戦前のように「国体の本義」を中心にして日本の国を守っていこうとしていたのに、戦争に踏みきって、敵をつくって敵と戦わなければならない羽目に陥りますよね。そのときに君臣一体の発想から言うと、天皇が戦争の先頭に立つべきだと思いますか？ それとも天皇は宮城の中におられて、指揮をすればいいと思いますか？

笠井 それは第二次世界大戦においてということですか？

高橋 ええ、過去にもそういう戦争があったと思いますし、佐藤優さんの立場をふまえて、またそのような戦争が起きた場合です。

笠井 ちょっと今はなんとも分かりませんね、天皇が戦場の先頭に立つべきなのか、あるいは日本のどこか安全なところから指揮をすべきなのか。例えば、私はちょっとビックリしたのは、史実かどうか分かりませんが、最後のローマ皇帝であったユリアヌスはペルシャとの戦場において常に一番に敵軍の中に攻め入ったようですね。そうすることによって兵士たちも志気が湧いてきたというのです。ですからユリアヌスは軍隊の最後列にいたわけではないのです。そして彼の最期はそのように、敵軍の中で直接槍を受けて死んでしまったらしいです。そういう天皇はいないですよね。またアメリカの戦争にしても、ブッシュ自ら直接イラクやアフガニスタンに攻め入ったこともありません。

高橋　十九世紀以降だそうですね、指揮者が後ろにいて命令するようになったのは。十八世紀までは、やはり総大将が先頭に立って戦ったらしいです。

笠井　ああそうですか。ナポレオンも最前線に立っていましたものね。

高橋　ですから今の問題は、天皇であることにとって大切なのは肉体なのか、魂なのか、ということです。

笠井　それは天皇の存在自体が肉体的な存在なのか、魂をもった理念としての存在なのかということと関連していますよね。

高橋　秘儀参入の問題です。天皇にとっては延喜式以来の大嘗祭です。人間である天皇の肉体に神が宿るのです。平和の神が宿るのなら、戦争はありえません。戦いの神なら最前線に立つでしょうが、それをきめるのは国民ではありません。

笠井　理念として君臣一体であるということと、事実とは違うのですね、その場合。

高橋　違うのです。だから僕はシュタイナーの言うとおり、まず精神生活と法生活と経済生活とをそれぞれ有機的に違う機能をもつものとして分けて、精神生活を土台にします。それで、その三つが有機的に働き始めると、社会にいのちが宿るのです。そして天皇は精神生活を統合するシンボルだと思います。それを政治や経済の分野に置き換えたら、ありえないことになると思います。

笠井　そこは大きなポイントですね。天皇を精神生活の中心に置くのか、経済や政治の中心に置くのかということに関して言えば、シュタイナー思想をあれだけ深く、日本の右翼の中に取り入れようとした大川周明[*30]からして大きく間違えていて、社会三分節を受容しながら、社会三分節の頂点に天皇を置いていますよね。これは本当に大きな矛盾なのではないかと思います。

高橋　国家と社会の二つを考えた時、大川周明にとっては当然、社会とは国家のことです。そして国家を、大きく発展する生き物として考えています。ですから国家の中に三つの社会機能、つまり法、経済、精神が有機的に働き合うという国家論になっています。しかしシュタイナーはどこまでも、国家を政治、法生活の中に位置づけて、国家・法生活という言い方をして、国家を法生活と同じところに位置づけています。しかしシュタイナーの死から百年近く経った現在、状況が大きく変化して、精神生活が技術と産業と営利主義の中に取り込まれてしまっています。ですから現代のこのような状況の中で、精神生活をどのように自立させるかということが、今の緊急の課題だと思います。

日本において三島由紀夫以来、日本の精神生活の中心に天皇を置こうとする動きがあるのはとてもよく分かります。しかし国家＝法生活の中に天皇制を持ち込もうとすると、権力構造の中に天皇を位置づけることになり、官僚が再び「天皇という制度＝天皇制」を利用して、官僚独裁制度に作り変えることになりかねません。

笠井　これは明治政府が行なった天皇の在りようよりも、もっと醜悪な方向に行く気がします。というのは明治の天皇制において、天皇は少なくとも日本の文化を支えるだけの力を持っていて、それが次第に政治の中に入っていったと思えるからです。つまり文化的な力を政治的なものの中に流し込むベクトルがあったのですが、今の時代において天皇を国家・法生活や経済生活の中に入れるというのは、天皇のあり方が、ただ「機能」になってしまいますよね。

高橋　ええ、皇后が言葉が出なくなるくらい抑圧された状態におられたとか、雅子様がうつ病になられたというのは、大変なことです。天皇制が法生活の下で御自分さえ抑圧するシステムになってしまったら大変です。

笠井　むしろ時代に逆行して、そういう形で国体論を唱えてしまうと、日本人の中における個体主義的な核が消滅してしまう方向になる気がします。

ひとつお聞きしたいのは、万世一系といわれる天皇のあり方が、今、高橋さんのおっしゃったように天皇が集中して精神生活だけに結びついたとしたならば、天皇の存在というのは大きな力を持つと思われますか？

高橋　国民にとってとても大事な存在になっていただけると思います。しかも天皇の人格が解放されて、自由な発言をし、行動できると思います。しかし精神生活は法・国家生活と経済生活の基盤であって、そこから分離しているのではありません。

笠井　天皇がもう一度文化の中心になりうるためには、実際にそういう方向に行くかどうか分かりませんが、現代のシャーマンとして正しい霊学を持つことが必要なのではないかという気がします。

高橋　私は大嘗祭がそのために行われている、と思っています。天皇の人格を超えている祭儀なのですから。

笠井　しかし天皇にそのような霊学を教授できる人材がいません。古くから続く三種の神器を形の上で引き継ぐ方法を伝えることは誰でもできますが。そもそも私の考えでは、三種の神器はある時点から形だけになってしまったと思っています。剣と勾玉と鏡を受け取れば天皇になれるというのはありえないですから。三種の神器というのは、一人の人間が本当に秘儀参入を果たすという意味です。今、三種の神器を受け継ぐという意味での秘儀参入を導く人はいるのでしょうか？　天皇を教育するというのはおかしな言い方ですが、しかし天皇はある意味で教育的な環境の中で文化というものをつくってきました。私は霊学と天皇のあり方が真に結びつくことを願っています。形の上では、天皇が文化の中心にいたら、それは喜びでしょうけれど。結局それではシンボル以上の意味を持ちません。国体というのはシンボルではなく、一人の人間の中に血が流れているように国の体に血が流れるというのが国体だと思います。そういう意味で、もし社会三分節における精神生活と天皇が結びつくことができるならば、やはり日本には正しく神道と結びついた霊学が必要だと思います。

佐藤優著『日本国家の神髄』について

高橋　『国体の本義』を読んだ時にすごいと思ったのは、国はそれぞれ違うという国家個体主義を前提にしていることです。ですから、違う形の国体があることをお互いに認め合い、それぞれの国が違う文化をもっていることによって国際関係が豊かになる、という立場に立っています。やはり基本は、精神生活の自由という考え方です。天皇・皇后両陛下に対して、一国民として私が願えるのは、御公務以外は自由であっていただきたいことだけです。想像できないくらいの御苦労があると思うからです。詩作でも音楽でもお好きなことを自由にやっていただきたいです。ハンチントンが言っているように、戦前はイギリスを手本に、戦争中はヒットラーと手を結んで、戦後はアメリカに従属する形を取ってきました。事大主義という言葉がありますが、「大に仕え」てやってきたわけです。今の日本には、世界で誰が一番の権力者かを見抜いて、そこに従っていれば生き延びられるというイデオロギーしか見当たりません。

戦前の国体論は自由を許さない国体論でしたから、ひとりひとりはともかく国のために犠牲になるべきで、それが美しいことなのだ、たとえ親が病気であろうと、子供が死にそうであろうと、そういう人間関係の基本が忠君愛国の思想で抑圧されていました。

笠井　命を捨てて国を守ったり、命を懸けて天皇に仕えたりするのは美学として捉えられるのではないですか。三島さんの場合でも、そういう美学が小説の半分を占めています。

残りの半分はニヒリズムとしての天皇制がありますが。

民族個体主義というのは、個々の民族の文化的な力がどこまで政治的な力と結び付けられるかということだと思います。あるいは政治を支える上での文化的基盤です。これは先ほどのハンチントンの言うように、これから世界が七つの文化圏に分かれていくことも、おおいに有りうることですし。

先日フランスに行ったときに感じたのですが、今ヨーロッパは段々と崩壊する方向で、どちらかというとヨーロッパよりもイスラムの力の方がはるかに強いと感じました。文化の中心はヨーロッパにあるのですが、エネルギーの中心がヨーロッパにはないのです。ところが、ハンチントンによれば、どこまでもヨーロッパ主義的なアメリカでなくてはいけないし、アメリカはアメリカではなく、ヨーロッパという船に乗った、言ってみれば普遍主義がヨーロッパにあって、そしてそのヨーロッパの普遍主義と結びついたアメリカでなくてはいけないという捉え方だと思います。

ハンチントンは、けっしてアメリカをアメリカ独自として捉えていません。これと同じようにヨーロッパの普遍主義を受け入れたイスラムや、アジアがある、という気がします。しかし実際にヨーロッパに行ってみますと、私はこれにはどこか無理があるような気がします。けっしてヨーロッパを中心にするのではなく、個々の民族が個体主義を持つならば、ヨーロッパもひとつの個体として捉えなくてはいけないのではないかと思います。

そういう意味で佐藤優さんの考えている個体主義としての日本民族というのは、とても大切な考え方だと思います。しかしそれは今の時代に国体というものと、日本の文化と、政治と、精神性と、秘儀参入のあり方というものを全部ひとつにして、ただ単に古代的な国体というものをもってきても難しいという気がします。やはりそこには何らかの意味で、今おっしゃった個体主義が「自由」な精神を根底にした国体と結びつかなくてはならないと思います。

高橋　シュタイナーの時代、一八九〇年から一九二五年にかけては、世界の総人口が十五億だったそうです。それが今六十億です。二十世紀だけで、ものすごい数の人口の増加が見られます。その中の少なくとも三分の一にあたる人々が貧困なのですね。貧困の意味は、まともに食事の取れない状態です。ですから、世界の人間の三分の一が飢えて、まともな生活ができない状態にいるということをふまえるなら、ネオ・ファシズム的に自分の国のことだけ考えているのは許されません。いわば第七チャクラで国イコール地球という感覚を育てなければなりません。自分の国、自分の民族だけを考えていたら、自分の国も存在しえなくなるかも知れませんから。世界と地域の関係はもう不可分なのですから。

ですから国体の本義にとって、発展途上国はまったく無関係の存在なのか、あるいはそれを含めての国体なのか、天照大神は日本だけを見ていたのか、地球も見ていたのか、その辺の問題を今の時点で考えてみないと、天皇も見えてこないと思います。

笠井　この辺の問題は大変複雑で、単純に解決しない問題ですけど、本当にその通りですよね。

高橋　日本の「円」という通貨が日本を守っているとしたら、円という通貨で世界と取引しているのですから、もうカルマ的に地球のどの地域とも縁ができているのですね。それを霊的な観点から切って捨てるわけにはいかないわけですから、天皇は世界のための天皇にならなければ、これからの時代はのりきれないと思います。

笠井　そうですか、日本のためだけではなくて。

高橋　ええ、日本のためにも、世界のためにも、天皇の民族身体、地球身体で、そういう問題を精神生活の問題として、天皇はすでに考えておられると思います。

笠井　先日訳されたシュタイナーの『社会の未来――シュタイナー一九一九年の講演録』

（春秋社、二〇〇九年）の表紙のところでアピール文として書いておられた「労働は経済生活から自由にならなければいけない」という言葉がありました。つまり「労働する」ということと「賃金をもらう」ということは別の問題であるということですよね。

私はよく覚えているのですが、四〇年程前、慶応大学でまだ美学の教授をされていたころの高橋さんを訪ねて行った時に、「シュタイナーの経済論は何ですか？」と質問したことがあるんです。そうしたら非常に簡明に、「これから必要なのは賃金契約ではなく、分担契約です」と答えてくださいました。この言葉は私の中でそれ以降、ずっと残っている言葉ですが、シュタイナーの社会論や経済論を読んでも、どこにも「分担契約」という言葉が出てこないのです。

しかし高橋さんはあの時、そうおっしゃったんですが、確かに私は「何をいくらで契約するか」ではなくて、「自分は何を引き受け、分担していくか」が一番の責任の問題だと思いました。ですから、自分は音楽を生み出すとか、科学者になるとか、色々な分担のあり方があると思いますが、分担契約ということにおいては、賃金契約に比べてはるかに責任は重いですよね。賃金契約の場合、「やればいい」とか「ある時間、そこにいればいい」ということになりかねません。つまり内実がないのです。ところが分担契約の場合、分担して自分が引き受けたことに対しては、命がけで行なわなければなりません。

高橋　だから、日本という国が世界において、どのような分担をしようとしているのかが大事になってきます。日本でなければできないことがあるはずなんです。それをどのように世界に示すか。そういう社会関係、人間関係のパターンを示せたら、すごい事だと思います。

笠井　ある意味で日本の雅の文化というのは分担契約ですよね。つまり自分のやることに関しては、お金なんかどうでもいいという。これは雅の精神だと思うのです。いくらだったらやらないではなく、やるのだったら自分の責任においてやる。こういう文化はあるようでないですよね。今のヨーロッパにもないです。

芸術においても、例えば音楽家が演奏するにしても賃金契約です。どんなに一流の音楽家が来ても「いくらでやるんですか?」、ですよ。日本人の雅の精神というのは「ほんとうにここに私が必要であるなら、それを私は引き受けます」です。このような文化は、日本の中に深く根ざしているような気がします。

高橋　その代わり、頼んだ方もそれなりに責任を持つということですよね。「契約しなかったんだから、思いっきり安いお金で雇える」とか、そういうネオ・リベラリズム的発想が生じかねない時代ですから。

春秋社から出ている雨宮処凛さんの『全身当事者主義——死んでたまるか戦略会議』（二〇〇八年）という本があって、これがすごい本なのです。『全身当事者主義』というのは、雨宮さんがこだわってつけたタイトルらしいのです。他人の問題を自分の問題として全身で当事者になる主義なのです。この本では、雨宮さんが全身で事にあたる立場に立とうとする人たちと対談しています。

だから例えば高遠菜穂子さんという人と「イラクの問題」を話し合ったり、高円寺でまったくお金のない人たちに呼びかけて、反乱集団みたいなのをつくって、すごい活動をしている人がいるんですが、その人と対談したり、イジメによって死まで考えた人と話したり、ギリギリの中で生きている人たちとの対談が載っています。今、お話のあった、命がけ、覚悟をもって生きるという姿勢が日本でも段々少なくなってきたような気がします。

笠井　本当は国体よりも、そのような生き方の方が大事なんです。国体なんかなくても、今お話のあった当事者主義があれば、そちらの方が大事です。あの作曲家の高橋悠治さんも同じような事を言っています。「人間はとにかく創造し続けている限り、神はいらない。創造することをちょっとでもやめたら、神が必要だとか、国体が必要だという発想になるのではないですか？」と言っています。私もそう思います。

高橋　そうですね。どんなに小さなことでも自分が当事者であると思えたら、先に進めますものね。

笠井　もちろん、日本に国体がなくてもいいということではありません。しかし、ともすれば国体があれば何かができるという錯覚に陥りかねません。天皇が正しい形で存在してくれれば、日本は世界に向けてある文化を発信できるというのも、これも本当は幻想みたいなところがあって……。一番大事なことは、今おっしゃった当事者主義であることと、文化である限りはとにかく創造することを止めないことが大事だと思います。私は高橋巖さんを見ていると、常に前の方を向いて、形を残さない生き方をされているように見えます。

高橋　でもそれは、笠井叡さんから学んだように思えます。もう昔のことになりますが、いつも舞台を観ていて涙が出るくらい感動するのは、そこなのです。こんなに体を張って舞台で自分を表現する人がいるんだ、と思いましたからね。

麻柱《あなない》

笠井　あの、少し話が飛ぶのですが、大石凝真素美《おおいしごりますみ》さんが「麻柱《あなない》」という言葉を使って「日本人は麻柱の精神があるので、世界でどこにもない文化をつくれる」と言っています。辞書によると「麻柱」という言葉が最初に使われたのは『竹取物語』の中らしいです。

麻柱の中には「助け合う」という意味があるのですが、天皇に足りないところは民が黙って引き受けるという意味で使われます。ですから「麻柱がある限りは、日本の文化は命を持ち続ける」という言い方もしています。

大石凝は弥勒経について本を二冊書いていますが、その主な内容は仏教と神道との関係についてです。その中で「仏教の中には認識論がある。神道の中には認識論以上のものがある」と述べていて、それを「麻柱」と呼んでいるのです。ですから麻柱は認識論ではなく、「あなたに足りないものは私が引き受ける。それによって関係性が広がっていく」というもっと直接的な力として捉えられています。もしかしたら分担契約や友愛の思想の根底には麻柱の思想があるのかもしれません。大石凝は認識論の文化よりも、そちらの方がはるかに深いと言っています。

高橋　すごいですね、それは。最高です。

笠井　あと『華厳経』の中にも興味深い言葉があるんです。ご存知かもしれませんが、大石凝真素美が述べているのですが、『華厳経』の中に日本について書かれた箇所があります。それは「日本」と書いてはいないんですが「東のところに不思議な国あり」と書かれていて、その国の真ん中に泉があってそこに弁才天が立っている、とあるのです。それで、その弁才天はその国の文化の中心であるとしています。本当は、仏陀は日本に生まれたかったのに、たまたまインドに生まれたため、仏教や仏教的な悟りのあり方は認識論的な道を行かざるを得なかったが、仏陀は本来、麻柱の国に生まれて、麻柱の文化の中で生きたかったということなんですね。

大乗起信論のような認識論的な方向で仏教を考えますと、人間の魂なり、発生なり、肉体と霊との関わりなりを六輪論的な立場で捉えていると思うんです。ヨガは六輪論ではなく、七輪論です。七輪論というのは高橋さんにとっては三元論ですが、一元論として見ることもできます。つまり「麻柱」さえあればいいという捉え方です。麻柱という型の中に人間の全てを入れることによって、人間は霊学も善悪も超えられるという思想です。たぶん日本の秘儀参入には、この麻柱にひとつの型があるのではないかという気がします。ですから日本人の中には七輪論は即一元論になり、その一元論は麻柱になるという思いが強いのではないかという感じがします。

高橋　今お話を聞いていて、ひとつ分かったことがあるんですが。日本の民というのは麻柱のことを指していると思いました。だから「君」の足りないところを引き受ける「民のあり方」というのは「あなたのために尽くします」という愛情の表現ような気がします。そのような生活感情はどのような場合でもいえますよね。

日本では「君の側に立つ」というのはありえないですよね、君は天皇ですから。「君の側に立つ」のではなく、いつでも「民の側に立つ」ということだと思います。人間関係でも「私はあなたのために尽くします」という人間関係ですよね。それが麻柱だとすると、佐藤優さんが言っていた君臣関係も麻柱《あななない》のことを言っているのだと思います。

笠井　たぶんそうだと思います。佐藤さんは麻柱という言葉は使用していませんが、文化の根源に国体があって、国体の根本に麻柱があれば霊学がなくても日本はやっていけるという自信や信頼みたいなものを感じていらっしゃる気がします。

高橋　それは絶対にそうですよ。「相手のために尽くします」という基本的な感情があれば、理屈はいりませんから。

笠井　しかし、それなしではひょっとしたら霊学も成り立たない。

高橋　そうです。それでシュタイナーはそれを「キリスト衝動」と呼びました。やはり基本的には「あなたを支配します」ではなく、「あなたに尽くします」という態度が社会生活の基本だと思います。

民主主義と麻柱

笠井　大石凝が江戸時代から宮中に伝わる人間関係を「君・臣・民」という言葉で表しています。

高橋　「臣」と「民」の関係はどのように説明しているんですか？

笠井　細かく説明するとたいそう長くなってしまうんですが、簡単に言えば四大元素、つまりエレメントと照合しているのです。「君」というのは天孫降臨の時に、土の中に降りないで、光と熱のエレメントを土に結びつける役割を果たしたとしています。「臣」というのは光を持たないで熱として存在しているとしています。「民」というのはエーテルの働きが直接、土に結びついているとしています。このエレメントの結びつきの違いから、日本におけるヒエラルキアが出てきたと大石凝は言っているのです。

これはおそらくエジプトのファラオの肉体論とも似ていて、つまりファラオと他の民との肉体の違いはすでに天孫降臨のときから違っていたということです。ですから「お前は王家の出か？　民の出か？」というのは、天孫降臨のエレメントの違いのところまで遡っていくらしいです。

高橋　「君」は肉体を持っているのですか？

笠井　「君」も肉体を持っています。大雑把な言い方ですが「光のエレメントを土に結びつけた存在」といっていいと思います。「臣」は熱のエレメントとして存在し、「民」を「水のエレメントを土に結びつけた存在」といっていいと思います。ですからもともとヒエラルキアがあるんですね。

しかしこの場合、「君」の体が素晴らしく、その次が「臣」の体、その次が「民」の体というようなことではありません。これはいいとか悪いとかという問題ではありません。これは国体というのが事実であって、事実をただ述べているという感じです。それで「麻柱」というのはこの三つがひとつになった体のことを指すらしいのです。そこで「民」は「麻柱」を受けつぐ限りは秘儀参入者と全く同じ力を持ちえるとしています。

ヨーロッパ的に言えば、労働者、つまりプロレタリアートが、麻柱さえあれば祭主になるということです。

高橋　「君」にもなれるということですか？

笠井　そうです、「君」にもなれるのです。日本的に言えば「君と一緒になれる」ということでしょう。それで「三種の神器」というのは、ほんとうは「麻柱」のことを言っているのだと思います。けして君の印のために三種の神器があるのではなく。大石凝の著作をつぶさに読んでみますと、三種の神器は剣とか鏡といった物のことを指しているのではないですね。先回の高橋さんのお話にもあったように、「委託」のことだと思います。ですから物の形ではないのです。

高橋　「愛」の形ともいえますね。

笠井　そうですね、私もそう感じます。そういう意味で言うと、高橋さんの書かれた「ノヴァーリス的国家論」とほとんど同じのような気がします。

高橋　「好きになれば民になりたくなる」というのは、どこか網野善彦さんの「無縁」の原理に似てきます。権力から離れた社会関係ですから、近代・国家としては成り立たなくなるでしょう。ほとんどアナキズムですから。

笠井　今おっしゃった国体のあり方というのは、超理想だと思います。理想だけれども、そうでなければ国体の意味を持たなくて、国体というのは理想でなければいけないのかもしれません。純粋なもの、かな。

高橋　つい考え方が反権力の方へ行ってしまいます。権力のない国家など考えられないのに、です。でも何かに仕えたい、という思いは、基本的に日本人の中にありますね。

笠井　あると思うのですが、しかし、どうでしょうか？　国体があれば個体主義や個人主義なしで今の時代に自由が獲得できるのでしょうか？

高橋　梁億寛《ヤンオクグァン》さんのことを覚えていますか？

笠井　ええ、もちろん。

高橋　僕はずっと前にビックリしたんですが、彼は誰も見ていないところでいいことをするんです。ちょっとしたことでも誰かのためになることをやって、やったということは見せないで、人のためにやっているんです。典型的な「民」なんです。それを一切表に出さない。だから梁億寛さんの生き方を見ていると、日本人のことがよく分かってきます。ヨーロッパでは絶対に認められないでしょう。

笠井　私も韓国に行った時に、体の調子を崩して死にそうになったのですが、梁億寛さんに連絡したらすぐ飛んで来てくれて病院まで連れて行ってくれました。

高橋 それも何気なく、ですよね。

笠井 そうなんです。静かに、実行するのです。本当にすごい人ですよね、彼は。

高橋 「アナナイ」ですよね。その感覚を日本人は生きる基本にもっていたと思うんです、かつては。それで「君」の象徴として天皇がおられて。

笠井 私は今の時代は逆だと思うんですね。「天皇」が「民」になって、「民」が「天皇」になる時代のような気がします。天孫降臨を通して大宇宙と小宇宙の関わりを作り出す力を「君」というならば、むしろそれをしなければならないのは、ひとりひとりの個人のような気がします。ですから天皇が人間宣言を行なった時点で、私は「天皇は天皇であることをやめた」と思うのです。

ただ、その時、逆のことが起きて、天皇が民になったので、今度は民が内的には天皇になる必要が出てきた。バランスから言っても、そうです。例えばフランス革命においても、民衆は、ルイ一六世は国財を自分のためだけに使っているということで彼を殺しました。しかしルイ一六世からしてみると、国財を自分のために使っているとはいえ、自分は天と直接結びついた存在で、確かに神権をもっているという確信があったと思うんです。そのような存在を民衆が殺した限り、今度は民衆の中からルイ一六世に代わる、神に近い実体を作り出さなければなりません。しかしフランス革命ではそのような運びにはならず、結局ナポレオンが登場してくるのですが。日本においても天皇が人間宣言をした時に、それを民全体が自分の問題として考えるならば、民の名において内的に天皇でなければならない。神的なるものを引き受けなければならないと思います。

高橋　きっとそれが民主主義なんですね。「民」が「主」になるわけですから。

笠井　これがシュタイナーの考えた「プロレタリアートの神秘学」でしょう。

高橋　なるほど、だからシュタイナーははじめてゲーテアヌムをミュンヘンにつくろうとした時に、ジプシーの避難所《アジール》をつくる、と言ったんですね。

笠井　もう一箇所、佐藤さんの本から引用したいのですが「個人主義的世界観の起源と限界についてまず言及する。なぜ個人主義が日本人と馴染まないのかについて考えるうちに、われわれの思考の根底にながれる神話を再発見する」、つまり個人主義がなぜダメかと考えると神話に行き着くということです。「神話なくして国体は存立しえない。国体は見えない形で存在している。この見えない世界をわれわれは神々より与えられた神話により知ることができる。そして皇統の存在によって、目に見える形で国体を実感することができる」、つまり目に見えない国体が天皇の存在によって目に見える形で実感することができる。「そして我々日本人はこの現実を受け止めればよいのだ」。この場合の個人主義はどういう意味で言っているんでしょうかね？

高橋　この本では民主主義の意義についてはどう言っているのでしょうか？

笠井　民主主義は日本の政治の形ではないということを言っていると思います。

高橋　日本の国体思想をなくさせるために、アメリカが戦後に「戦後民主主義」を押し付けたということでしょうか？

笠井　そうですね。簡単に言えば、民主主義が入ってきたために国体が見えなくなったという。ですから佐藤さんの中では個人主義と民主主義は同じ意味で使われているのかもしれません。

高橋　でも、日本人の感覚からいうと、アナナイという人間関係が一番大事なのですね。一人では生きていかれないわけですから。孤独は地獄と同じようなものです。誰かに認めてもらいたいし、誰かのために何かをしたいし。周りがまったく自分に関して無関心で何の関係も作れなかったら、何をやってもつらいでしょう。

笠井　シュタイナーの『いかにして超感覚的世界の認識を獲得するか』の中の有名な箇所

ですが「認識の道を一歩先に進めようとする限りは、それ以前に善に向けて三歩進めなければいけない」とあります。これは麻柱と矛盾していないですよね。

高橋 「麻柱」という言葉はしりませんでしたが、でも、すごい言葉ですね、「麻柱」というのは。

流出吸収論

笠井 最後にお聞きしたいのは、ヨーロッパの文化の中には「流出[*31]」と「吸収[*32]」という考えがあると思うんです。

例えばユダヤ教からキリスト教へ移行する宗教の流れをみても、ある種の「流出・吸収」的な流れを見ることができると思います。もちろんシュタイナーによる認識衝動の中にも「流出」と「吸収」というものが原型にあると思います。宇宙の自我が人間の自我へ移行するプロセスを「流出のプロセス」としますと、「吸収のプロセス」というのは、人間の自我が宇宙の自我に吸収されるプロセスだと思うのです。

そこで思うんですが、日本の麻柱の思想は、ひょっとしたら流出だけで成り立つ思想なのではないかという気がします。建国神話からずっと流れている国体というもの、あるいは麻柱という思想がそのまま未来永劫ずっと流出し続けるとしたら、日本の文化の中でその反対のベクトルである吸収はどのように考えられますか？

高橋　日本の文化は世界に類を見ないくらい吸収力がありますよね。吸収して、いつの間にか自分のものになっているというような。そして自分のものに成ったら、他に流出する。アナナイにも呼吸のようにこの二つがあるのではないでしょうか。「私たちにとってのシュタイナー」も、かつては異質なものだったはずなのに、今は親和性をもって自分の中にあります。明治維新の頃の西洋文化に対しても同じことは言えるのではないかという気がします。

笠井　ああ、なるほど分かりました。私が今言った「流出・吸収」というのは、「キリスト衝動的」な意味で言ったのですが、西洋的な時間のベクトルで言うと、まず天孫降臨があって、再び天の方へ戻るところにキリスト衝動を捉えますよね。人間は宇宙的な神話を吸収して、キリスト衝動以降の自由な精神を人間が宇宙の方向へ流していくという形で「流出・吸収」を捉えた場合、ヨーロッパではこの全体の流れを歴史の時間の流れとして考えていると思うんです。今、高橋さんがおっしゃった、日本人における「流出・吸収」の場合、日本人は時間だけではなく空間的にも同時に「流出・吸収」を行なっているのかなと思いました。

高橋　他と自分というように分けないで、呼吸のように当然なんですよね。他と自分との関係というのはないのではないでしょうか。

笠井　そうしますと天と自分も分けないのでしょうか？

高橋　ええ、自分が当然仕えるものですし、逆に仕えてくれるものでしょうし。すごい一元論ですよね。

笠井　オイリュトミーとの対比で、日本の芸能における伝授の仕方を考えるんですが、例えば日本舞踊は形を伝授していくことが大切で、その意味はそれほど説明しないようです。ある能楽師が一生、動きの形だけを伝授してきて、死ぬ直前にある動きの意味を話したとしても、話さなかったとしても、伝授してきた動きの中に、すでに意味が生きているように思うんです。反対に意味を説いてしまうと型が崩れるのかもしれません。

しかしオイリュトミーを伝授していく時には、型から入らず、型の意味や内実を説明した上で伝授していきます。ですからまず能書からくるんです。それに従って進めていくので、だんだんと自分の体のつくり方のオリエンテーションができてくるのです。しかし日本の芸能は形さえ守っていれば、そこにすでに意味があるんですね。そして型を、忠実に丁寧に体に入れた人は、時として私なんか到底できない、すごい動きを見せることがあるのです。

高橋　ああ、そうですか。私は笠井叡さんの踊りを見ていて本当にすごいと思うのは、男にも女にもなれるところです。こんなふうに完全に自分を自由に表現できる人がいるのか、と思いました。

笠井　そうですか。でも最近、私、「卒塔婆小町」をやったんです。それでその模様をビデオで見たんですが、全然女ではなく、ゴツゴツした男でした。もう、嫌になってしまいましたよ。

高橋　しかも笠井さんが踊りの中で女性になったときに、なんとも言えない悲しみが表現されているんですよね。すごいと思いました。

笠井　でもやっぱり、伝統芸能、芸術はすごいです。あそこまでできるのかなと思いますね。

高橋　あの、ヒップホップというのは大道芸なんでしょうか？

笠井　そうですね、ストリート・ダンスですからね。

高橋　大道芸というのも、すごいですね。

笠井　ヒップホップも形から入っていきますからね。

高橋　僕が最近好きな歌手が井の頭公園でいまでも歌っているんです。ああいうのは何ていうんですかね？　メジャーになってＣＤなんかも売り出しているんですが、自分が歌うのに一番ふさわしい場所がここだと言って、今でも井の頭公園で歌っています。ストリート・ミュージシャンというんですかね、あさみちゆきさんという方です。

笠井　井の頭公園で歌っているんですか。

高橋　ええ、公園で歌って認められた方です。今日はこの辺でどうでしょうか？

笠井　そうですね、どうもありがとうございます。

（二〇一〇年二月十八日　天使館）

註

1　**人智学**　十九世紀末のヨーロッパにおいて、自然科学がすべての領域における基礎学になることによって、唯物主義が文化の主流となったとき、「人智学」は人間の内面である霊や魂を、認識の対象とすることによって生じた。創始者ルドルフ・シュタイナーは一九一二年まで、ドイツ神智学協会員として活動した。その領域は教育、芸術、医学、農法、政治等多岐にわたっている。ルドルフ・シュタイナーは人間の認識力は無限性を有していると主張した。

2　**ヨアキム主義**　十二世紀、イタリアの思想家ヨアキムのフィオーレにより生じる。キリスト教を、父の時代・子の時代・聖霊の時代の、三つ大きなアイオーンでとらえ、父の時代、子の時代のあとに終末が来るのではなくて、第三の時代である「聖霊の時代」に、人間の本質である自我の力が真に開花し、一切の宗教的権威、信仰をこえて人間そのものの神性が現れ出る、と予言した。

3　**個体主義**　全体主義（totalitarianism）の対概念としての個体主義（individualism）。全体主義は個的な人間が全体の中に組み込まれることによって、共同体を支える有機的な力を発揮する、と考えるのに対し、個体主義は個体の中に全体を生み出す有機的な力が存在し、この個体の有機的な力は、すでに存在しているものの中から有を生み出すのではなく、無から有を創造する力の根源である。ちなみに日本国憲法第十三条の「すべての国民は、個人として尊重される」

の「個人」は、「individuals」の訳語である。

4　**メイソン**　フリーメイソンリー。人体創造と宇宙建設を実践するもの。人類の始祖アダムにまでさかのぼる。太古の神殿建築集団が有する霊学を、参入儀礼、ヒエラルキー構造を有する結社組織を通して伝える。浦賀沖へ黒船を率いてきたペリー総督はメイソンであったが、ロッジを開設するには至っていない。日本で最初に設立されたのは、一八六六年六月二十六日横浜において、イングランド連合大ロッジからの認証状を得て設立された。当初、メイソンになることができたのは国内在住の外国人にだけであったが、日本人で最初に参入儀礼を受けたのは思想家西周《にしあまね》と法学者津田真道《つだまみち》である。二人はオランダに留学した時にメイソンになり、初代の駐英公使を務めた林董《はやしただす》伯爵は一九〇三年、ロンドンでメイソンになった。戦後、ダグラスマッカーサー元帥はじめ、連合軍司令部のＧＨＱの関係者にメイソンが多かったために、国立、三沢、岩国等でロッジが開設された。総理大臣経験者では東久邇稔彦《ひがしくになるひこ》、鳩山一郎が参入儀礼をうけた。最終的には一九五七年三月十六日に東京都港区に日本グランド・ロッジの創設が宣言された。

5　**エマヌエル・カント**（一七二四―一八〇四年）　ドイツの哲学者。ケーニヒスベルク生まれ。一七八一年『純粋理性批判』、八八年『実践理性批判』、九〇年『判断力批判』、九三年『単なる理性の限界内における宗教』を公にし、九六年、老年のため引退した。カントの哲学は「物自体」を根底にしているが、その物自体は人間において感覚器官を前提にして知覚しえるが、物自体そのものは認識できないとした。カントにおいて、物自体は哲学に必要であるが、それ自身は認識の彼方にあるという意味で二律背反的な世界である。それは一種の主観主義的哲学といえる。それゆえに、「時間は有限であるか」或いは「無限であるか」、「空間は、有限であるか」、或いは「無限であるか」というような二律背反について、或いは、「事物は原因に従う存在なのか」或いは「事物はある目的に向かっているのか」、「事物は自由なる存在なのか」、或いは「定められた必然の中にあるのか」というような二律背反については、一切答えなかった。

6　**ルネ・デカルト**（一五九六―一六五〇年）　ラテン名はレナトゥス・カルテシウス。法官貴族の子として生まれ。イエズス会の学院でスコラ的な教育を受け、学校の学問に不満を覚え、書物による学業に見切りをつけ、一六一八年、軍隊に志願兵として入る。このときイサク・ベークマンと知り合い、自然研究の数学的な方法論を教わる。夢であらゆる学問の方法的な統一を感知し、それを契機に、オランダで哲学の研究に没頭した。デカルトの合理主義は哲学の基本的な源流となる。そこにおいて、人間の内部に、ある主観的実体が存在しているという確信を持つ。

デカルトは「認識の確かさを自分に約束するものは一体何か」という問いに対して、この主観的実体は、無限の懐疑の海の中を漂いながら、そのような懐疑は自分が考えていることによってのみ可能であるという体験内容から、有名な「我思う、ゆえに我は存在する」という命題が誕生する。これは自分が思考するから、存在するという論理関係ではなく、思考即存在というふたつの同一性を問題にしている。

7 **モーリス・メルロ＝ポンティ**（一九〇八―一九六一年）フランスの哲学者。早くからフッサールの現象学に出会い、『知覚の現象学』によって学位を得る。五十二歳の若さでコレージュ・ド・フランスの教授に就任し、サルトルとともに雑誌『現代』を主宰し、実存主義の運動を理論的に導いたが、後にサルトルと決裂し、同誌を去る。フッサールはブレンターノの「志向性」を通して、超越論的現象学を確立したが、メルロ＝ポンティはそのような超越性を現象学から排除し、具体的な実存のありのままを明示することを現象論の目的とし、主知主義や経験主義によって歪曲される以前の「身体の概念」を回復しようとした。この身体は単なる即自（物）でも、純粋な対自でもない、その両者を併せ持つ両義的な存在である。その両義性を通して、そこに発生しつつある「意味」を受け取り、それを足場として、現象世界の意味性を構築した。

8 **フランツ・ブレンターノ**（一八三八―一九一七年）オーストリアの哲学者、心理学者。クレメンス・ブレンターノの甥。ルードヴィッヒ・ブレンターノ兄弟。ローマカトリック教会司祭、ヴェルツブルク大学教授を経て、一八八〇年までヴィーン大学教授。第一次大戦を逃れチューリヒにて没す。「志向性」という概念を論理性としてではなく、感覚の働きを能動的に観察し、体験領域に引き入れることにより、内的世界と外的世界を融合せしめ、カント以来の「物自体」を完全に認識可能な領域とした。ローマカトリック教会の司祭として深く信仰生活の中に入りつつ、同時に神的世界、魂の世界を認識の対象にするという希有な哲学作業を行った。ブレンターノの「志向性」は物質世界、魂、霊的世界の三界に広がるが、それらの中で「愛」の働きが最高の能動性を有するものとした。

9　**ルドルフ・シュタイナー**（一八四一―一九二五年）ゲーテの自然科学論や文芸雑誌の編集に携わりながら、アナーキズム的姿勢を貫く。一九〇〇年頃から、ドイツ神智学協会に属し、薔薇十字主義、フリーメイソン的伝統と東洋的神智学を結びつけながら、人智学を確立する。ドイツ観念論的哲学の流れをカント、フィヒテから、ブレンターノに至るまで、文献学的に研究し、哲学を神秘学的領域に結びつけながら、その理念を身体的、感覚的、体験的領域にまで拡大し、同時にマニ教、グノーシス主義、エジプト神話、ギリシャ神話、ディオニシウス・アレオパギタの「天使論」等を哲学的地平において、新たに意味づけるという作業を行う。それらを通して哲学的思考と霊学的思考を、ロゴスとソフィアを、理性と感性を、霊学と自然科学を対立するものとではなく、互いに宇宙論的視点において両立させる。神智学と人智学の決定的な相違は、宇宙の流出吸収の運動の中で果たす、人間存在の捉え方にあるといえる。人間の自我が宇宙の進化に関わることによってのみ、二元論的に出現する悪の根拠付けがなされる。人間は創造されたものであるという意味において、人間は宇宙の流出過程における受動性の所産であるが、その創造された人体は、そこからすべてのものを生み出す創造力を有しているという意味においては、自らを能動的存在に変えることができる。宇宙が流出している過程においては、人間は宇宙の必然の中に組み込まれているが、吸収過程において、人間は宇宙の中に「自由な意思」を生み出すことができる。

10 **ヘレナ・ペトロヴナ・ブラヴァツキー**（一八三一―一八九一年）若い時から世界各地を旅行し、その足はインド、チベット、ゴビ砂漠、エジプトに及び、そこで、古代の様々な叡智、伝説を収集し、多くの秘教的人物と出会う。様々な霊的導師が霊界から彼女にインスピレーションを与え、それを受けて、宇宙発生論、根幹人類論を著す。一八七五年にオルコット大佐とともに「神も真理に従う」という言葉を旗印に神智学協会を設立。ルドルフ・シュタイナーはイエス・キリストを唯一の導師としたのに対して、彼女は導師クートフーミー等、非キリスト教的導師との結びつきを重視した。一八八八年に出版された大著『シークレット・ドクトリン』はあらゆる古代的な宗教が持っている、秘められた霊的叡智を「エソテリック・ブッディズム」という名のもとに体系づけた。

11 **エーテル体**　人間が物質的な感覚世界に生きている時に、現象世界は空間と時間の両方から現れてくる。その時、空間は見える対象として出現するが、時間は直接、知覚することはできない。それは時間がただ、事物の内面においてのみ、生じるからである。この時間と共に作用しているのが、生命である。その意味で生命そのものは直接知覚することができない。その生命実体をエーテル体という。エーテル体は生命が存在するところ全てに存在する。植物は時間とともに成長するが、それは植物の中にエーテル体が存在するからである。しかし物質を無限に細分化しても、決して生命物質にたどり着くことはない。それは、二本の平行線が遠近法的に見たときに、彼方に、二つの線が交わる点が存在しているかのごとくに見えるが、その点に向かって移動しても、決してその点に到達することがないように、物質の中に生命そのものを追求してもそこに達することはない。エーテル体は一つの生命体が物質的に崩壊することなく、その形態を維持している力の根源である。

12 **アダム・ヴァイスハウプト**（一七四八―一八三〇年） ヨーロッパの歴史がフランス革命に向かって胎動している一七七六年に、イルミナティと呼ばれる秘密結社を創設した人物。ヴァイスハウプトはインゴルシュタットでカトリックの教会法の教授であったが、この町で二十八歳のときにイルミナティを創設した。当時ヨーロッパ全土に広まっていたフリーメイソンリーに働きかけ、当時の王侯貴族、職人、商工業者、裕福な市民、芸術家に働きかけ、厳密な組織理論と厳格な会則を掲げ、運動を展開した。それらはカソリック教会の教義、組織に反発した啓蒙主義者たちである。このイルミナティ・フリーメイソンリーの運動は、枯れ野原に放たれた火のようにヨーロッパ全土の主要都市に瞬く間に広がり、多くの支部が形成された。カトリック的な神の支配から完全に脱した、理性のみが新しい神となる真の人権制社会を目指した。プラトン、プロティノス、中世神秘主義、ヤーコプ・ベーメ等の思想を否定し、ひたすら高次の道徳性の獲得を目指した。啓蒙主義的運動においては、民族の中に一人でも道徳的な人間の数が増えるに従って、その民族全体が成長していく、という意味で徹底的に個体主義的な理想を掲げる。バイエルン選帝侯カール・テオドールによって一七八四年に活動の禁止令が言い渡され、ヴァイスハウプトはコーダに移住し、そこの宮中諮問官として迎えられた。その一年前の一七八三年、文豪ゲーテの主君であるカール・アウグスト大公がイルミナティの集会に迎えられる。その一日後、ゲーテ自身も入会。また、ベートーヴェンの恩師であるヨハン・ゴットフリープ・ヘルダーもこの運動に参加した。一七九三年、フリーメイソンの支部において、ルードヴィヒ・アドルフ・クリスチャン・フォン・グロルマンは、イルミナティとフリーメイソンリーの活動がその意図や目的において一致しない、と発言し、彼はその後激しくイルミナティに対して攻撃をはじめ、さらにその後、十九世紀になってからイルミナティ・フリーメイソンリーは、ヨーロッパの貴族や財界人たちによって、その方向が大きく変化せしめられ、現在に至っている。

13　**グノーシス主義**　紀元後三世紀ころキリスト教における「悪の存在」をめぐって様々な教義、思想が現れた。神が創造した宇宙になぜ悪が存在するのか、人間の歴史に、何故悪の力がかくも強く働くのかをめぐって、様々な著作が現れた。悪の力をもって世界創造を行った神をデミウルゴスと呼び、それに対して悪から自立した至高の神性をポイマンドレースと呼び、それをキリストの神性とした。ハドリアヌス帝の時代、アレキサンドリアのグノーシス派の哲学者であるカルポクラテースはクレメンスやエイレナイオス等の著作で知られるが、神は万物の始源であるが、被創造の父であるとし、この世界は彼よりもはるかに下位の不完全な神であるデミウルゴスによって創られ、それゆえにこの世は悪に満ちていると主張した。キリストは、人間ヨセフの子であるにすぎず、その魂は天上の父の世界を想起する事ができたゆえに、死後天上に帰還することができた完全な人間であるとし、アリストテレスやプラトンや同じく高次の魂を有するグノーシス的人間であると考えた。

14 **フェシス**　宇宙の創造には関わらないポイマンドレースが、初めてこの宇宙の天蓋を破って宇宙内に入る。そのポイマンドレースは下方の生命の水に自分の姿が映っているのを見たときに、その生命の水の中に存在したのがフェシスである。フェシスは水の中からポイマンドレースにその自分の姿と一体になるよう呼び寄せた。

15 **アントロポス**　旧約聖書においてはアダムとエヴァは楽園にいたと書かれているが、クリスチャン・ローゼンクロイツの伝説によるならば アダムはエロヒームの創造によって生まれた男性であり、エヴァは空気の霊から生まれた女性である。この男性女性に分離する前のアダムとエヴァの中に存在しているアンドロギュヌス存在がアントロポスであり、原人間である。すべての人間の中にこの性を超えたアントロポスは可能態として存在している。

16 **絶対的能動性**　人間の内部から現れものは、思考の形をとったり、或いは感情、本能的、カオス的な衝動、どこから出現するのかわからないイマジネーションの流れ等様々である。このような内部から押し寄せる波、風、嵐のようなエネルギーに対して受動的に関わり続ける限り、人間の本質である自我の力は隠れ続けている。その内部から流れ出てくるすべてのものに対して、それらを対象化し、客体化がすることによって、自我の働きが出現してくる。共感するものに対しても、或いは反感をおぼえるものに対しても、或いは、自分が消滅するほどの喜びや悲しみに対しても、平静な視線を注ぎ続けるならば、自己は思考も感情も意志も働かない、能動性も受動性も消滅した「無」となる。この「無」に対しては、もはや客体化の力も働かない。すると「宇宙的な眠りの本能」が立ち現れてくる。この「無」の中に出現する「宇宙的な眠り」に対して「客体化の視線」を注ぐときに生じるのが絶対的能動性である。この能動性は宇宙から始まる「流出」に対して、人間から始まる「吸収過程」への折り返し点を形成する。

17　**井筒俊彦**（一九一四―一九九三年）イスラム学者であると同時に、神秘哲学者、言語学者。三十以上の諸言語を流暢に語った。後年においては、大乗仏教の研究に取り組み、哲学と意識の関わりを追求した。『意識と本質』（岩波文庫）において、「無心」について次のように語っている。

禅の術語としての「無心」はあらゆる意味での「心」のない状態であるどころか、むしろ「有心」の極限なのである。すなわち、「無心」は字義どおりの無―心ではなくて、かえって「心」の基底であり、本源的本来性における「心」そのものだということ。つまり、意識（と存在）の究極的原点である。後述するように、禅では「無心」と「心」とが屢〻《しばしば》完全な同義語として使われるが、この言語慣習はまさにここに由来する。つまり、「無心」と「有心」とが互いにまったく同義的であり得るような境位が、ここに成立しているのだ（同書、一〇一―一〇二頁）。

18 **バプテスマのヨハネ** 「ヨハネもサリムに近きアイノシにてバプテスマを施しゐたり、そこに水おほくある故なり。人々つどひ来りてバプテスマを受く。ヨハネは未だ獄に入れられざりしなり。ここにヨハネの弟子たちと一人のユダヤ人との間に、潔めにつきて論起こりたれば、彼らヨハネの許に来たりていふ「ラビ、視よ、汝とともに、ヨルダンの彼方にありし者、汝が証せし者、バプテスマを施し、人みんなその許に往くなり」ヨハネ答へて言ふ「人は天より与えられずば、何をも受くること能はず。我はキリストにあらず」唯「その前に遣わされたるものなり」とわが言ひしことにつきて証するものは、汝らなり」（日本聖書協会訳『旧新約聖書』ヨハネ福音書第三章二十五節―二十八節）。

19 **委託** 「頼みましたよ」、「お願いですから……」というように、相手を信頼して何かを託すこと、自分がやるべきことを誰かに頼むこと、それを委託というが、ここで用いられている「委託」（ドイツ語の Auftrag）は、どんな人も、例外なしに、何かを託されてこの世を生きていることを前提にしている。生きるとは委託を受けて生きているのなら、誰に何を託されているのか。人智学では、まず前世の自分から思いを託されている。とっくに死んでいる前世の自分、死んでしまった人たち、この世を生きている人たち、それどころか、周囲に存在するすべて、ものを言わぬ太陽・月・星々から野の草花にいたるまで、森羅万象のすべてが、私たちに何かを託して、「お願いだよ！」と訴えている。

リルケの長編詩『ドイノのエレジー』全一〇篇、特に第一と第九のエレジーは、「委託」を中心のテーマにしている。

20 **民族身体**　歴史的に特定の人種の集まりの中から形成されていく、血による民族共同体ではなく、共通の意識によって結びつく共同体である。この共通の意識はしばしば共通の言語を有することによって生じるが、それが決定的な要因であるとは言えない。しかし民族身体は頭部の中での言語活動、すなわち口を通して、或いは、呼吸を通して、空気の中に流れ出ることのない、思考の流れだけに結びついた言語活動は民族身体を直接形成しない。その意味では、共通の言語で会話すること自体において、民族身体は形成されていく。そしてその会話の中に虚偽・嘘・虚栄心・自己中心的な欲望・独断・迷信的言辞・差別・妄想等の要素が克服されていくに従い、民族身体は地球上で力強い働きを行う。

21 **地球身体**　カラダを個人に属するもの、民族に属するもの、地球に属するもの、宇宙に属するものの四つの領域で考える時、個人身体は一人の人間が転生を通して持ち続けている内的資質と両親を通して流れてくる血族の資質の二つが合流している。民族身体は民族全体の全員の中に存在する魂や生命や言葉の力が個人身体を覆っており、自覚されたエーテル体と直結している。地球身体は月から土星に至るまでの七惑星と結びつき、個的なアストラル体と宇宙アストラル体が融合している。宇宙身体は黄道十二宮の十二宮の働きと融合して、宇宙を一個のカラダとして生きている。個人自我と宇宙自我が結びつく。神智学の用語ではこの三つのカラダがマナス、ブッディ、アートマンの三つの領域とも結びつく。

22 **オイリュトミー** ルドルフ・シュタイナーによって始められた運動芸術。コトバ、声、言語が有する根源的な生命形成力を身体、運動の中に流し、音楽におけるリズム、音程、メロディーを宇宙的に広げ、宇宙法則と身体法則を一つに融合する。

23 **カール・ケーニッヒ**（一九〇二―一九六六年） 自然科学者、医学者。ルドルフ・シュタイナーの精神科学に基づく新しい実践的な医療を始めた。そのための生活共同体を組織し、ヨーロッパにおいてキャンプヒル運動の最初の萌芽を築く。ユダヤ人の両親を持ったために逃亡生活を余儀なくされたが、そのような困難を乗り越え、彼の創始した医療は現在世界的に広がっている。

24 **ツラン文化** 現在の大西洋に没したと言われているアトランチス大陸の文化は、その後の人間の歴史の種のような存在であり、そこから様々な文化が出現してきた。原セム、アーリア人はその後の歴史の中で思考力を支配する人間と考えられ、その次に出現していたアッカード人はさらに思考力を発展させたが、しばしばそれらの思考力は規則化されていった。ルドルフ・シュタイナーによれば、ツラン人たちは、この思考力の支配より以前に出現した人間であり、人間の意志の力で現実世界を支配しようとする傾向を持っていた。ルドルフ・シュタイナーの『アカシャ年代記より』（高橋巌訳、国書刊行会）では次のように記されている。

「この亜人類（原トゥラニア人）に属する人々は生命力の支配に熟達すると、自分たちの利己的な欲望や願望を満足させるために、この力をそれぞれ勝手気ままに濫用し、その結果この力の働きが相互に相手を妨害し、破壊するようになった」。

このツラン人については、ペルシャの神話『アヴェスター』に記されているが、この文化は西洋の文化と東洋の文化の接点に位置していると考えられる。日本語や日本文化の根源を探っていくと、アトランチスのツラニアン文化にまで到達する。

25 **『ゲーテ的世界観の認識論要綱』** ルドルフ・シュタイナーはこの書の一九二四年の新版の註で次のように書き記している。

思考は感覚的に知覚されるものの現実の一部である。ただ感覚存在に属する思考が、感覚存在に付随して現われるのではなく、人間の内に現われるのである。しかし思考と感覚知覚とは一つの存在である。人間が世界の中で感覚によって知覚しているとき、人間は現実から思考内容を分離しているのである。この思考内容は別の場（魂の内）においてのみ現われる。知覚と思考内容との分離は客観世界にとって全く何の意味も持っていない。この分離は、人間が存在の真っ直中に入りこんでいくがゆえに出現する。人間にとってはそれによって、思考内容と感覚知覚とが対立する二者であるかのような見かけが生じる（浅田豊訳、筑摩書房、一九九一年、一三六頁）。

26 **薔薇十字の行** 一三七八年から一四八八年まで生存していたとされるクリスチャン・ローゼンクロイツによって創始された霊統。そこには伝説的な二つの文書がある。『同胞団の名声または薔薇十字の賞賛すべき結社の同胞会の発見』と『同胞団の信仰告白または高く尊敬されている薔薇十字の賞賛すべき同胞会の信仰告白』である。一六一六年に出版された伝説的な文書『化学の結婚』によって、初めてその名前が公にされた。ルドルフ・シュタイナーはフランス革命時代にヨーロッパに現れたサン・ジェルマン伯爵とクリスチャン・ローゼンクロイツは霊的に同一人物であると語っている。その根本思想は自然科学に対するキリスト的自然科学を打ち立てたことである。ゲーテはそのキリスト的自然科学の出発は、すべての前提を克服した純粋知覚にあるとし、それを「感覚は誤またず、判断が誤る」という言葉に込めた。さらにルドルフ・シュタイナーは『神殿伝説と黄金伝説』(高橋巖・笠井久子・竹越郁子訳、国書刊行会、一九九七年)の中で、薔薇十字とゲーテとの関係について述べている。それによると、薔薇十字主義者としてのゲーテは著作『秘密』及び『ファウスト』の中のホムンクルスの記述、或いは『ヴィルヘルム・マイスター』、メルヘン『緑蛇と美しい百合姫』等の中で、薔薇十字の秘密に関する文学的表現を与えている。

27 **七チャクラ** 人体は霊・魂・体の三領域から考えると、チャクラは肉体に存在する器官ではなくて「魂の器官」である。チャクラとは「輪」あるいは「回転」を意味する。人間が宇宙から地上に流出してくる過程において、この七つのチャクラはすべて活動的であり、その魂的なエネルギーによって人体が形成された。それは人間の成長過程でも同じであり、受胎以前のカラダ、胎児のカラダ、そして三歳までの立する体の中において、これらは無意識のうちに活動的であり、人間において記憶、思考活動が始まるに下がってその活動は緩やかとなり、しばしば全く停止する。七つのチャクラとは

一　根本輪（尾骶骨下部）
二　生殖輪（生殖器官）
三　腎臓輪（上腹部）
四　心臓輪
五　喉頭輪
六　下垂体輪
七　松果体輪

根本輪とは、天動説的な意味において、月の公転軌道内全体に広がる。それは「屍体」に宿るエネルギーで、心理学者フロイトは、それを「リビドー」と名付けた。

生殖輪とは、生命的、生殖的、植物的エネルギーの活動する所。植物的欲望の中心点。水星の公転軌道内に広がる。

腎臓輪とは、能動的イマジネーションの活動する場所。芸術創造の中心点。

28　**六チャクラ**　松果体輪をのぞく六輪。ルドルフ・シュタイナーは『いかにして超感覚的認識を獲得するか』という霊的行法について述べた著作では、六輪論を展開している。すべての行法の出発は、シュタイナーにおいては、下垂体のチャクラから始まる。そこにすべての認識力

を集める。その認識力とは、記憶から自由な「生命」について、「時間」について、「感覚」について等の純粋思考を通して霊界に対する「仮」の視点を作るところから始める。六輪論は前提的な経験から始めるのではなく、能動的思考から始める。六つのチャクラのうち、「光と闇」「男性と女性」のような二元性を有しないのは、根本輪、心臓輪、下垂体輪の三輪である。

このチャクラは意志（根本輪）・感情（心臓輪）・思考（下垂体輪）の中心点で、それに対して生殖輪、腎臓輪は女性的、感情的チャクラであり、喉頭輪、下垂体輪は男性的、思考的チャクラである。六輪がすべて回転するならば、第七のチャクラは必然的に開かれるが、六輪の行法は「上方のチャクラから下方のチャクラに向かって下っていく」のが基本である。七輪を前提にする行法は、反対に根本輪の下方か上方に向かうのが、基本である。

29　現在の時点（二〇二一年八月）でこの第七チャクラと第六チャクラの笠井の話は言葉の使用や表現の仕方において不明瞭な部分が感じられる。特に第七チャクラを女性的、第六チャクラを男性的力というのは極めて二元論的な見方に思えるからである。第七チャクラは全体的、総合的、一元的であり、主体客体を超えた器官である。それを第六チャクラの男性性に対応する女性的器官としてとらえるよりも、高橋巖が述べているように三元性としてイメージする方がいい。三元論は一元論をより深めたパースペクティブを与えてくれる。その意味ではシャーマニズムも女性的文化とか女性的資質としてとらえるよりも、男性女性の二元性を包括する三元的なるものとして捉えるべきなのかもしれない。ちなみに第七チャクラの名称である「サハスララ」は、「大祓祝詞」で述べられる闇を光に、悪を善に変える「祓い」の神「ハヤサスラ」と同じ神である。

30 **大川周明**（一八八六―一九五七年） 世界各国の政治思想研究、その範囲はマルクス主義から、イスラム思想にまで及ぶ。それらを通して大亜細亜主義的理念を固め、イギリスによるインド支配を批判し、インドの独立を思想的に支援した。北一輝と親交し、昭和初期のほとんどの維新運動に関わり、五・一五事件においては有罪となる。日本において、はやくから、ルドルフ・シュタイナーの思想研究家としても知られる。とりわけその社会有機体三分節を、日本の国体思想と結びつけた。東京裁判では、様々な奇行を行い、GHQによって精神病患者の疑いが持たれ、松沢病院に入院。それによって死刑判決を受けることはなかった。

31 **流出** 流出吸収説とは被造物としての人間の側から見られた宇宙の運動法則のことである。創造する側からのみ、考えたときには、この流出吸収は成立しない。その意味において、人間が創造された側に立つならば、流出が始まり、創造する側に立つならば、吸収が成立する。音楽法則の七音階ド・レ・ミ・ファ・ソ・ラ・シ・ドにおいて、ド・レ・ミ・ファは流出過程であり、ソ・ラ・シ・ドは吸収過程である。この音楽法則は神と人間の関係性において成り立っているので、音楽とは人間と神を結びつける橋といえる。この基本的な四つの音はギリシャでは「ゲノス」と呼ばれ、七音階は二つのゲノスから成り立っている。物質が存在しない天界から、物質を創造するという矛盾そのものが、この二つのゲノスの中に働いている。ド・レ・

ミ・ファは自然界において、鉱物・植物・動物・人間の流出であり、ソ・ラ・シ・ドは人間個体・民族身体・地球身体・宇宙身体の吸収過程であるが、それぞれのゲノスの中には二つの全音階と一つの半音階が存在する。流出過程の半音階はミとファの間であり、それは動物から人間へ至る過程に於いて生じる。この半音階のところにおいては、「悪を必要とする神々の流出」のすべての矛盾が集中している。ド・レ・ミの三過程は一元的な世界であるが、ミとファの半音階に二元論が出現する。具体的には男性と女性の性分離である。これは悪を世界創造に組み込むことであるが、しかし二元論そのものの克服は、人間自身が引き受けなければならない。第一のゲノスから第二のゲノスへの移行そのものが、すでに人間の意思にゆだねられている。二元論そのものを、物質の中に取り込んだのはコンピューターであり、AIであるが、流出過程がこのAIで終わるならば、人間は吸収過程に至ることなく、崩壊する。

32 **吸収** 人間が吸収過程に移行するのは、歴史の中で（コンピューターやAIを除外することなく）一元論を人間の内部に成立させることから始まる。吸収過程は人間個体が能動性を確立することによって生じる。大川周明は国体と薔薇十字主義を合体させようとする未曾有の試みを行ったが、これを、不完全な形で行ったのがGHQを含む日本国憲法草案メンバーたちである。けれども、この流出過程への移行は、温暖化問題、原発問題、経済問題、難民差別問題これらすべての歴史上の問題に取り組みつつ、生じるものである。第二のゲノスの半音階はシとドの間、すなわち地球身体から宇宙身体のインターバルにおいて生じる。梶井基次郎の若き直感に従うならば、「櫻の樹の下には屍体が埋まっている」である。「桜という名の地球」は腐乱し、蛆が湧いた屍体群から流れ出る「水晶のような液体」によって、宇宙身体を育てていくのかもしれない。

あとがき――高橋巖とは誰か

笠井叡

この対話は二〇〇九年の暮れから二〇一〇年の初めにかけて、三回にわたって行われた。この時期はちょうど日本において、それまでの自民党政権から民主党政権へと変わった時期に当たる。日本の政治の場では、ほとんど語られることがなかった「友愛」という言葉が、再び政治の場で語られた時期である。この言葉は十八世紀末のフランス革命の時期に語られた「自由・平等・友愛」に結びつく言葉であるが、この言葉が党首の口から発せられたのは無論、かつての自民党時代の鳩山内閣の総裁である父鳩山一郎がこの言葉を政治の根幹に置いた、ということを踏まえての発言である。その後この言葉は日本の大気の中に消え去り、当の本人は周りから宇宙人とかと言われて、いかなる政治的な力にもなり得なかった。鳩山一郎は、この言葉はドイツ語の Brüderlichkeit の訳語として使用したらしいが、この「友愛」は、ベートーヴェンの第九交響曲の合唱曲で歌われるシラーの詩詞の意味と全く同じく、地球上の全民族が「ひとつの兄弟」となるという意味である。

自由・平等・友愛を、憲法の根幹に据えようとしたモンテスキューは、この三つの理念を「事物内部の法則」あるいは「肉体内部の法則」として捉え、同時に人類史全体を貫く憲法の基本理念としたが、その理念に基づいて創られたアメリカ合衆国憲法においても、また、フランス憲法においても、自由と平等は高らかに掲げられたが、「友愛」は消え去り、わずかに日本国憲法の前文において「人間相互の関係を支配する崇高な理想を深く自覚するのであって、平和を愛する諸国の……」という言葉に、残照のように響いているだけである。友愛が消滅した理由に二つある。「友愛」を憲法に据えるならば、当然ながら「兄弟愛」の破滅である戦争そのものが、憲法違反に当たるということ。二番目に「自由」と「平等」は努力して自分の内部から作り出さなくとも、あたかも生得の権利であるかのごとくに主張することができるが、「友愛」は自分が最大の内的努力を積み重ねることによってしか、世界に向けて実現することができないからである。

この対話の中で高橋巖は繰り返し「能動性」の対概念として「受動性」ということを語っている。これは所与のもの、自分が誕生した時に、すでに周囲の世界に確固たる位置を占め、その価値性を与えられているものによって、思考を組み立てようとする人間の性向のことである。例えば、自然科学は所与の物質というものを対象として生み出され、今日、世界のあらゆる場所で一つの価値を与えられた基礎学である。だから、ひとりの人間が生きる前提として、自然科学を拠り所にするのは当然であるが、その限りにおいては、自己内部から生み出される文化的な生命的な力、創造的な力は凋落してゆく。自由・平等・友愛という理念も、自分が生み出すことなく、すでに誕生と同時に与えられる所与の人権として考えるなら、自然科学と同様に、それは一種の「基礎人権」のようなものになってしまうだろう。自由と平等はたやすく受動性に陥り、自分が巻き込まれている社会的歴史的状況の中でのみ、生きる場が与えられる。それでも言葉の厳密な意味において、友愛だけは「受動性」としては、主張されえない。なぜなら愛の本質は自己愛や家族愛や民族愛、異性愛、同性愛、はたまた愛国を超えた「なにものか」であって、当然の権利としては主張されない、受動性の対極に位置している。

日本の思想界において、十二世紀に活動したシトー会修道院長ヨアキム・ド・フィオレの黙示録的思想が本格的に論じ始められたのは、この高橋巖をもって鏑矢とすべきであろう。フィオレはキリスト教の「父と子と聖霊の三位一体」に関して、それまでの教会史の中では語られたことのない聖霊に関する予言的な見解を、その『黙示録注解』において表した。キリスト教の救済は「父の時代」においては世界の第一原因である神によってもたらされた律法を通して、「子の時代」においてはイエスキリストによってもたらされた信仰を通して地上に実現されるが、フィオレは「聖霊の時代」においては、「愛」の働きが、父の時代の律法と子の時代の信仰に変わると予言したのである。キリストが出現することによって信仰を伴わない律法が無効となったように、聖霊の時代において、愛の働きが信仰に救済の座を明け渡したのである。高橋巖は『神秘学序説』の中で次のように述べている。

「従来のキリスト教的救済史観では、啓示は旧約聖書と新約聖書のふたつに限られる。終末論的にも父の時代に子の時代が続き、子の時代のあと世の終わりが来ると信じられていた。ヨアキムはこれに霊的確信をもって第三の聖霊の時代を加えたのである。救済の真の実現は、この新しい第三の時代にまたねばならない」。

ヨアキム・ド・フィオレの思想はヨーロッパにおいてその後の各世紀わたって影響を残し、様々な教団、多くの異端的思想を生み出したが、高橋巌の思想家としての独自性はその聖霊の働きそのものを、キリスト教教会史、救済史そのものからも完全に解放したことであろう。またそのことによって、友愛という理念を、友愛そのものから解放しようとしたことであろう。しかし、このような言い方はおそらく原因と結果を逆さまにしているのかもしれない。端的に言えば高橋巖はルドルフ・シュタイナーという存在に出会うことによって、よりヨアキム・ド・フィオレの思想を自身の中で深めて行ったことは事実であるが、私見によれば、高橋巖の中に存在している歴史衝動、認識衝動、霊的衝動はフィオレやルドルフ・シュタイナーに出会う以前からのものである。その種はすでに彼の魂の地層の深くに初めから存在していた。それゆえ彼の活動の軌跡は今日に至るまで二つのベクトルから見ることができる。一つは、古典的なカント、ヘーゲル、フィヒテ、シュレーゲル、ブレンターノ等のドイツ観念論を血液の中に流し込みながら、認識としての哲学を体験の領域に転換させることによって、すべての哲学過程を霊学の中に引き込んだことである。高橋巖にとって、知性が知的過程にとどまる限り、いかなる意味も持たない。反対に、いかに未熟な観念であろうと、自身の内部でそれが呼吸と血液によって体験されるならば、それを咀嚼し、消化しながら、そこから未知のものを貪欲に肉化しようとするのである。シュタイナーやフィオレに出会う以前に書き上げた文章の白眉は、まず第一に一九五二年、二十四歳のときに慶應義塾大学の大学院史学専攻の修士論文として書かれた「ノヴァーリスにおける個体主義の成立」であろう。まだ形にはならないが、自身の内部の言葉として外に出ようとする様々な情動を「浪漫主義」「個体主義」「歴史主義」という三つの理念を通して自分自身が真に呼吸することのできる地平に立とうとする試みである。哲学の公教性が論証可能な論理性にあるとするならば、その当時の彼の中に渦巻いている衝動はすべて論証不可能な、直接的に言葉にはなりえない未知の身体感覚でしかなかった。当時の彼は緩やかな拷問をともなう哲学的世界にがんじがらめに囲まれていた。そして当時のアカデミズムの中における居心地の悪さは、現在の高橋巖において、すがすがしい空気の中に解放されたであろうか。否である。彼の思想活動の軌跡は、その居心地の悪さ、身体感覚としてしか持ちようのない理念が単に自分一個の存在の中だけではなく、時代そのもの、日本そのもの、いや地球全体、物質世界全体の中に揺曳しているということを、認めざるを得なかったからである。彼にとってこの浪漫主義、個体主義、歴史主義とは一体何かという問いに向かった時に何を語っても、彼は現在においてなお、居心地の悪さという緩やかな拷問のまっただ中に立っている。しかし、それはただ高橋巖がこの日本において、一個のオベリスクのような「反権力者」である、ということを明かしているに過ぎない。自然科学的思考、或いは彼自身の言葉で言えば、受動性に与している周囲と自分の中に培っている浪漫的志向がもし融合するとするならば、それは彼がいかなる歴史的な状況においても、永続的に反権力者の側に居続けることを意味している。だから彼にとって反権力とは思想内容ではない。思考形式を支える大地なのである。彼の言葉はこの「反権力」という地層を通過してのみ、思想の地下水となりえているのである。

そのとき「何を語ったか」ではなくて、「いかに語ったか」が、常に自分自身にとっての問いかけとなる。「人間は死すべきものである」という言葉は、そのまま放置されるならば常に権力となる。反権力者とはこの言葉に対して瞬間に「神は不死なるものである」という対極性を対置することになる。高橋巖が二十四歳の時に歩み出した歴史主義への地平とは、このような対立概念を常にカラダの闇の中で錬金術的に結びつけようとする。この意思なしには永続的に襲いかかる緩やかな拷問は単なる苦痛でしかなかったであろう。「浪漫主義と歴史主義との関連性に関する一考察」という副題を添えた「ノヴァーリスにおける個体主義の成立」序論は次のように始まる。

「一般に歴史上の個的事象が、その事実を歪められることなく、時代とともに様々な性格づけを与えられてきたことは、それらの事象が、観察者の視点如何によって、無限に新たな形姿を提示するといふことを示してゐる。しかし、或種の歴史概念がその生命を失うことなく異なる時代を生き續けてゆく過程を見ると、今述べた事実を示してゐるにとどまらず、更に、他の概念を吸収し、ある場合には全く対立的な概念をも自分の中に吸収して、それ自身変容を遂げていく場合のあることが理解できる」。この言葉は「歴史家は芸術家でなければならない」という言葉ときっぱり重なる。様々な観察者が投げかける新たな視点と、互いに対立する諸概念を吸収しながら、世界が変容してゆくというのは、歴史創造と芸術作品創造が同じ過程であることを示している。歴史という概念と個人という概念が対立しているならば、浪漫主義は成り立ちえない。一個人の身体のうちに歴史の中に流れている生成の力が体験される時にのみ、浪漫主義は歴史主義となりうる。もし歴史が個人の記憶、民族の記憶に従って作られるならば、それは常に一面的であり続ける。そして、それは変更することはできない事実として残り続ける。もし歴史がそのような壮大な事実の無限の積み重ねを通して生み出され、万物が流転し続けるなら、その流転している万物の中に流れている力と個人のカラダの中を流れている力が融合する瞬間があるのだ。その時言葉はただ単なる概念の連続であることをやめ、個々の概念の中に流れている生命によって一個の有機生命体に変わる。それは概念では説明することのできない体験領域である。その時一瞬にして個体と歴史とが結びつく。

「五月十三日、夕方、ゾフィーのところへ行った。私は言葉に書けないほど、そこで歓びを感じた。――閃めく狂熱の瞬間、――私は墓を塵のように吹きとばした。数世紀は数分間のやうだった」（『ノヴァーリス日記』飯田安訳）。

「数世紀は数分間のようであった」このノヴァーリスの体験は高橋巖にとって、百万語の言葉を超える力であった。それはノヴァーリスの言葉であると同時にノヴァーリスに出会う以前から血液の中に波打っていた力だからである。この世に存在している時のゾフィーよりも彼女の死によって、より強くゾフィーそのものとの一体性を確信した時、ノヴァーリスの中に生じたことは、個人的な出来事というより、全ての人間が共有している、死という世界と自己との融合である。そして有機体という理念の中に流れている力は、死者たちの世界から流れてくるものであると同時に、全体と個体が融合するのである。ゾフィーとの一体性というのは思想の核であると同時に、キリスト教的な神を超えて、霊の共同体を未来に生み出す。

高橋巖は留学でドイツの地に着くまでルドルフ・シュタイナーという人物にはまだ出会っていなかったらしい。ある時、街に食材の買い物に出、その大きな荷物を持って歩いている彼を見たあるドイツ人が、アパートまで彼を車に乗せて荷物を運んでくれた。そのドイツ人が「薔薇十字の人物」であった。一挙にそこから新しい霊学的世界が開かれる。

霊学すなわち人智学は、人間の内的世界を一つの客体として観察し、そこから自然科学と全く同等に、人間の内面、魂と霊の世界を客体として扱う学問領域である。それは、物質的な世界における自然科学の対としての、霊的世界に対する学である。両者は二つの車輪のごとく一体となって人類全体に働きかけるものである。そこで、彼が手始めに取り組んだ作業は徹底的に、ドイツの人智学者もそこまで行わないと思われるほどに、フィヒテ、ヘーゲル等のドイツ観念論と神智学を自分自身の中で、その細部にわたって融合したことである。その成果は、『シュタイナー哲学入門――もう一つの近代思想史』（角川選書、一九九一年）に結集している。これは名著である。ドイツにおいてシュタイナーを論じる場合にも、ユングの心理学に至るまで広げる人はそれほど多くない。それはヨアキム・ド・フィオレに関しても同様である。そのような作業は、シュタイナーの霊学、芸術論、社会論、宇宙論、教育論等の翻訳出版に並行して、ほぼ一九八七年に、ゲーテアヌムに本部を有する一般人智学協会の邦域協会として日本人協会が設立される時まで続いたと思われる。この協会設立を境として、高橋巖の活動の軌跡は全く新しい領域に入っていった。そうならざるを得なかった。それまではルドルフ・シュタイナーを中心にヨーロッパの秘教的理念と自身の魂を結びつけることに集中していた。それは自分を無にして「受動性」に徹した作業であると思う。その彼が活動の舵を、二元論から一元論へと切ったのである。すなわちヨーロッパ的霊性から、アジア的霊性に向かってである。高橋巖の本来の能動性がそこから活動し始める。それまでの活動は新たに始まるこの「能動性」の活動のための準備期間であったとも、思えてくる。このことから必然的に生まれ出たのが、世界創造の中で働く「悪の働き」についてである。悪は二元論の中では自由に生きることができるが、一元論の中において、どのような働きを行っているのか。シュタイナーは悪の働きについては、ほとんど晩年まで「具体的には」語っていない。高橋巖がその事を切実に感じたのは、「第一クラス」と呼ばれている閉ざされた会員のために行ったテキストを訳し始めた時である。悪の働きの「核の核」は、今もって解かれていない。すべての理念は「体験の領域」にもたらされなければならない。これが霊学の基本である。これに従うならば、すべての「悪という理念」は体験されなければならない。さもなければ、人間は悪を必然的に自分の外に押し返し、悪と対峙し、二元論は成立しなくなる。しかしこのようなことが可能なのであろうか。善を行うよりも、悪を行うことの方がはるかに不可能事である。

今、私の心の中に広がっているヴィジョンは、ローマ皇帝ネロからカラカラ帝を経てへリオガバルス帝に至るまでのローマ帝国一七〇年の間である。この時期は次第にキリスト教がローマにおいて国教化してゆく途上であり、その国教化を破滅させようとしたのが、主としてこの三皇帝であるが、それは別の観点からとらえるならば、キリスト教的二元論とアジア的一元論の戦いであったといえる。その意味ではフィオレの主著『黙示録注解』は二元論的終末論の典型であり、そこでは教会の七つの救済の段階に対して、七つのアンチキリストの存在（悪）が描かれている。キリストと同じ時期に生まれた幼児の殺戮を命じたヘロデ王、ネロを始めとする歴代のローマ皇帝である。そのフィオレの構図の中では善は善、悪は悪であるという完全な二元論が敷衍されている。父の時代と子の時代において、律法と信仰が神と人間をつなぐ橋である限りにおいて、二元論はその必然的な結果といえるであろう。それではヨアキムが予言した第三の時代とは一体何なのであろうか。その時、聖霊の働きにおいて父の時代の律法と、子の時代の信仰は、一人の個体の中の愛の働きに変容する。この愛はキリストの名において働くのか、或いは、一切のキリスト教的前提、教会という前提を外して、純粋に一個体の自由な働きの中から生じる愛なのであろうか。人間はその時、神からも宗教からも、さらに言えば、所与の霊界からも解放されるのであろうか。ヨアキムは『符合の書』という著作において次のように述べている。

「御子は唯一にしてただ父から出たのであり、それは、第三時代の聖霊へと及ぶ。第二が御子から伸びているように。つまり父は唯一にして御子と聖霊を発出し、唯一なる或いは父にひとしき御子が発し、二が唯一なる父から発する。まさにここから第一の時代は父に帰され、第二は唯一の御子に、第三は御子と聖霊に帰される」（マージョリ・リーヴス著『中世の預言とその影響――ヨアキム主義の研究』大橋喜之訳、八坂書房）。

このくだりを読む限り、聖霊は父と子から発したのであり、第三の時代の愛の働きは、律法と信仰がその前提にある。しかし前提であるということと、愛の働きが完全な個体の自由の中からは生じないということではあるまい。それではヨアキム・ド・フィオレにおいて、あの二元論は聖霊の時代において消滅しているのであろうか。子の時代の黙示録の悪として描かれているネロ帝の闇の霊性はもはや歴史の中に悪の力を消滅させているのであろうか。この点に関して高橋巖の聖霊の時代のビジョンは、最もラディカルなもの、と言えるであろう。二元論は聖霊の時代において、超えられたのか、という問題は、誰もその答えを外に求めることはできないのである。それはもはや思想の問題でもイデオロギーの問題でもありえない。それはちょうどノヴァーリスがゾフィーの墓の前で体験した「数世紀が数分間である」というリアリティと全く同じく、誰もそれを論証する事はできないのである。歴史に向けて、二元論が超えられたと発することができるのは、当の本人以外にどこにも存在しない。高橋巖は自身のゾフィー体験によってそれを超えたのであろうか。私が高橋巖から学んだことは、この二元論から一元論への過程をどのようにたどったのかということに尽きる。それは次の三つの過程を通ってである。

高橋巖は弁証法的唯物論の厳密さを持って、ルドルフ・シュタイナーの人智学とともに弁証法的霊学を打ち立てた人物である。その出発は、自我—非我—統合のフィヒテの自我論を、「体験の領域」に引き入れることによってよって、第三原理である統合の中では、自我も非我も完全に止揚されているということである。その事はルドルフ・シュタイナーの霊的弁証法ともいうべき、素材—生命—意識という三段階において言えることなのである。

素材とは、A=Aの同一性の原理を有している。すなわち鉱物資源としての鉄分も、食物を通して体の中に摂取された血液中の鉄分も、素材としては同一である。これは父と子と聖霊においては第一段階に対応する。つぎの「生命」はA—B、すなわち素材とは異なり、生命においては、AはBへと変容し、一瞬も同一の状態に留まることはない。これは第二段階の子に対応する。律法はすでに空間的に反復可能な形を有しているのに対して、信仰は反復されるものではなく、魂の内部から常に新たに生き続ける生命的力である。しかし意識とはA≠Aの本性を有している。意識の働きとは同一性を変容させる力ではなくて、自己否定の働きである。鉱物は鉱物ではない、人間は人間ではない、神は神ではない、である。何故そうなのか。一個の石を二つに割ると新しいものが創造されるのではなく、存在しているものの形態が変わるだけある。だから、A＝Aなのであり、生命における変容の働きは、前に存在したものが内的に変容していく。フラスコの中の水を沸騰させるためには、「外側から」火の力が働かなければならず、水は勝手に自分の力では沸騰しない。そのようにその形態の変化が外側から働く力によって生じる素材と異なり、生命は植物の種子の発芽がそうであるように、常に「内部の力」によって変容していく。それに対して意識の働きは、外側からも内側からも働かない。それは、「零」からのみ生じる。「無」からのみ創造されるものなのである。高橋巖はこの「意識」の働きのことを「能動性」という、たったひとつの言葉で表している。この「意識」の働きこそ、聖霊の時代の人間の唯一の力なのである。この「否定の力」こそ、人間を人間たらしめているところのものである。父と子と聖霊の三位一体という玄義から考えるならば、確かに人類、自然、世界にかかわるすべての運動は、この父の第一原因から発している。もし歴史や文化がこの第一原因である父の創造性だけに依拠しているとするならば、人間は与えられた素材と生命を、無限に加工し組み立てていく以外に、生きることはできないであろう。その時その受動性を能動性に変化せしめるのが聖霊の働きであるとするならば、「子」の存在、「イエスキリスト」出現の意味ははっきりしている。

意識の働きは、外側からでも内側からでもなく、「無」の中からのみ働き始める。人間はどのようにこの「無」を体現するのであろうか。それは「死ぬ事」ではなくて「死体」になることである。「死体験」ではなく「死体体験」なのである。「物質化した死」を体験することなのである。それは苦悩や、絶望の淵をさまよう事であったり、死の苦痛を体験することなのではない。「意識の本性」が何であるかをひたすら認識することを通してだけである。「A≠A」を認識することを通してだけである。「死体は死体ではない」、「子」なる存在としてのイエスキリストが実践したことはただ、この「死体が復活する」という一点だけである。「無」とは、「死体は死体ではない」の否定によって生まれる、新たな人間の創造力である。だから、能動性とは、すべてのものを無から生み出す力である。無の創造力はあらゆる瞬間に働く。白いキャンバスの上に煙草を吸うパイプを描き、その下に「これはパイプではない」、とシュールレアリズムの画家ルネ・マグリットが記した瞬間に、西洋美術史は一変した。しかしこれは一つの美術作品である。その美術品の素材は意識だけである。だから「聖霊の時代」とは、すべてが意識によって生み出される時代である。無から有が生みだされる瞬間に「意識の力だけによって生まれるリアリティ」が地上に始まる。だから能動性とは、個体の中に生じる「理由のない人間化」である。「これは花ではない」と語られた花はその瞬間に「花」はなく、「人間」になる。有罪者に向かって「有罪者ではない」と語られた瞬間に、そのものは「純粋人間」に変わる。その時人間はキリストの名において、復活するのではなく、ただ意識だけが復活の力に変わる。「二元論」は「人間一元論」に変わる。恒星も惑星もすべて「新しい人間」になる。この人間をルドルフ・シュタイナーは「ECCE HOMME」エッケ・ホモと呼んだ。一体これがヨアキム・ド・フィオレの予言した、第三の「聖霊の時代」なのであろうか。競技場でライオンにキリスト者と呼ばれる人間たちを食べさせ、それを観覧しながら美酒を呑んでいた、フィオレの言う「反霊化の龍」ローマ皇帝たちは、この聖霊の時代に一体どこへ行ったのであろうか。彼らもエッケ・ホモに変わったのであろうか。二元論から一元論の変化とは何なのか？　高橋巖が『シュタイナー――悪について』（春秋社、二〇一一年）という書名において、ルドルフ・シュタイナーの悪魔論を翻訳した本のあとがきで、彼はシュタイナーの言葉を引用して次のように書き綴っている。

「なぜクモがこんなにイヤなのでしょうか」

「なぜならあなたの存在そのものがクモだからです」

それはエッケホモと呼ばれている人間そのものが、自分自身に向けた意識の力「エッケホモはエッケホモではない」から生じる、必然的な一元論「私が悪魔である」なのである。

かくして高橋巖における二元論から一元論への移行は、自らが悪魔存在であることを承認することから、始まる。ここから始めない限り、一個体の中で聖霊の時代は発動しない。このような悪のとらえ方は、日本人の感性からするならばそれほど奇異なものとは思えないかもしれない。しかし、ヨアキム・ド・フィオレそのものの中に、そのような意味での二元論から一元論への移行が意識化されているかどうかは不明である。フィオレにおいても「反霊化の龍」との戦いが、単なる外的な戦いではないことは明らかである。一個体の内部が、終わることのない戦場に変わる。その意味においては、ローマ帝国において、キリスト教が国教化されようとする時期に、アンチ・キリストの役割を担った皇帝たち、ネロ、カラカラ、ヘリオガバルスをはじめとする歴代の皇帝たちによる迫害は、「裕福な金持ちが天に召されるのは、駱駝が針の穴を通るよりも難しい」というキリストの言葉を信じる者たちの信仰心に対する迫害である以上に、物質に対する捉え方に根本的な相違があるのだ。キリスト教はその始まりから、肉と霊を分断したのだ。金銭、肉体、物質は初めから神性の対極であった。そのような二元論は自然神、天空の神、児童神、酒の神に満ちたローマ神話的世界からはほど遠いのである。キリスト教は帝国における神話的世界によって構成されているあらゆる人間関係を、ズタズタに引き裂いてしまった。だから、イエスキリストの地上の活動はそのような二元論に見合う全く新しい宗教的なモラル、教義を作り上げる事ではなく、この肉体が復活という歴史的な事実、肉体の霊化を地上に実現せしめることの一点に集中している。キリストは新しい霊的道徳をもたらしたというよりも、復活という事実を顕現したのだ。あらゆる人間関係を破壊しても、人間の「不死性」が復活という出来事によって証されたが故に、キリスト教は、国教となりえた。二元論は超越されたのである。それに対して、ローマの一元的神話の中に「死体は死体ではない」という事実をもたらしたのは、帝国に歴代の皇帝や皇女や側室を送りこんでいた、シリアのエメサ神殿の、司祭の家系を担っていたヴァッシアヌス家である。この家系については、アントナン・アルトーが著書『ヘリオガバルス――あるいは戴冠せるアナーキスト』（河出文庫、二〇一六年）の中で詳しく語っているが、エメサ神殿の神体は天から落ちて来た

「有機的石」であった。この「生きた石」は「物質は物質ではない」という意識の「否定の原理」以前に、死体の復活性を先取りしている。死体は初めから生きているのであり、復活している。それは信仰の証によって、復活するのではない。ヴァッシアヌス家の「司祭」はもともと二元論を超えた一次元的な「復活体」なのである。ローマの民衆の人間関係を破壊してもなお、新しい神性を掲げるキリストの復活体という事実に対して真に対抗し得るのは、エメサの「有機的石」だけである。反キリストを掲げた多くの皇帝たちの中で、「有機的石」がはっきりと意識化されていたわけではない。しかしそれがキリスト教に直接対抗し得る宗教的情熱の根底を形成していた。「子」の時代とは、厳密な言い方をするならば、復活の時期も含め、キリストがこの地上に生きた数十年間だけである。聖書に従うなら、キリストの昇天後すぐに聖霊降臨が始まる。だから、聖霊の時代の真の出現は、歴史の流れの時間の中で徐々に立ち上がってくる。子の時代から聖霊の時代へ移行するその接点で生じた「キリストの復活」と「有機的石」の戦いは、「意識の否定の原理」の二つの異なった対立である。「死体は死体ではない」をめぐる戦いであったといえるのである。この二元論と一元論との戦いは、決着がつかぬままに背教者ユリアヌス帝の死によって、帝国とともに終わりを告げる。キリスト教が勝利する。

この戦いは宗教的な広がりにおいて眺めるならば、中世の十字軍遠征に、現在はキリスト教イスラム教、或いはイスラエルとパレスチナの戦いに引き継がれているともいえる。ムハンマドのイスラム教の霊性のシンボルであるカーバ神殿の黒曜石はエメサ神殿の「有機体石」と繫がっている。けれどもこの問題を個体において引き受けるとするならば、政治的、軍事的な領域から全く離れて、今日もなお、個体の内的戦いとして文化的や芸術において持続されているといえるであろう。この問題を言語の問題に置き換えて考えてみるならば、二元論は父声（一般的には**T・K・S**等の子音のこと）母声（母音）の二つの言語要素の、発声上の結合あるいは離反としてとらえることができる。例えば、先程挙げたドイツの詩人シラーのドイツ語綴りは**Schiller**「シッラー」であるが、それを日本語で発音すると「シラー」となる。ドイツ語はコンゾナンテ（子音）とヴォカール（母音）をはっきり独立して、発声する。「**kommen** 来る」は「こめん」ではなく「くぉむめん」である。つまり発声そのものが二元論なのである。ところが日本語発声はその真逆である。例えば謡曲「羽衣」の冒頭「風早乃《かざはやの》」の「か」声は、長く引き伸ばして発声されるが、その引き伸ばし方は「かーーーー」であって、「かあーーーー」とはならない。その時、母声と父声が一体となって、父声でも母声でもない第三の声として発声される。ここでは二元的なるものが止揚されて一元的声となる。このことは基本的にすべての日本語の発声において言えることである。地球上に千以上ある民族言語を全て調べたわけではないので、断定はできないが、発声において、日本語ほどに父声母声が一体化した声はないのではないかと思う。

ルドルフ・シュタイナーは転生論の中で、地中海地方に生まれた魂のうち、とりわけ一元論と二元論を深く追求して生き抜いた魂、例えば異端キリスト教徒、或いはグノーシス的キリスト教徒たちは、将来、日本に産まれる傾向があるというようなことを述べたことがある。確かにそれを言語の領域において考えてみるならば、二元論的魂が真摯に一元論的存在性を、理論としてではなく、自己の存在領域、体験領域で求めるとき、日本国に転生することは充分理解できる。この問題は、この対話の中における個体主義、ロマン主義、歴史主義を考える場合、重要な論点ではないかと、私は思うのである。一個体の人生だけでその個人と歴史の関わりを志向するのではなく、歴史全体を貫いているその個体の魂の系譜を現在と未来に結びつけて捉える時に、歴史主義は無限の広がりと無限の時間の中でその未知の姿を現す。バプテスマのヨハネは、父なる神が宇宙の歴史の中でたった一度だけ肉体を持って出現しなければならないという直感をもって、ヨルダン川で彼のもとに集まる人々に洗礼を授けた。荒野で「私はキリストには及ばない存在である」しかし、「時がきた！」「このときすべての人間の感性が変わる！」と叫び続けた。バプテスマのヨハネは、真の革命家である。ヨアキム・ド・フィオレのいう第一の反霊化の獣ヘロデの娘サロメはヨハネの首を盆の上に持ってくるように要求し、一人の奴隷がそれを実行する。ヨハネが善でサロメが悪なのであろうか。ルドルフ・シュタイナーの輪廻の内のイメージによるならば、このヨハネの魂はノヴァーリスのカラダに引き渡される。その時ヨハネの魂はサロメを退けることによって、聖霊の時代を生きるのであろうか。或いはサロメと結びつくことによってだろうか。ゾフィーの墓の前で数世紀が数分であった時、もしゾフィーの魂の中に、サロメの魂が生きつづけていたとするならば、ノヴァーリスの魂が一元性を獲得したに瞬間に、彼の思想の根底である浪漫主義と歴史主義と個体主義が、一個のカラダの中で肉体化したのではないだろうか。そしてその魂はさらに一元的な言葉のカラダを日本に求めるのではないだろうか。そしてそのことによって、かつてヨルダン川で予感された「子の時代」が聖霊の時代を開花させる新しい力となるのではないだろうか。個体主義は無からすべてを創造しようとする意志であるが、それは自分以外に誰も想像することもできない悪の形態をイメージする自由に支えられている。その自由だけが闇と光を融合する。すべての前提を外して物を見るのだ。一切の記憶から自由な視線を世界に送り続けるのだ。生きることの一瞬一瞬を、初体験の連続にするのだ。聖霊の時代とは、肉体の裏と表がひっくり返るのだ。自我の光が暗黒の隅々を照らし続けるのだ。

ローマ帝国の闇と光は、時空を超えて、日本の闇と光に結合したのではないだろうか。ローマ教会の公教要理が確定したとき、それとは裏腹に教会内で自由の精神がミサの根本であると主張したグノーシス者ヴァレンティヌス・アンドレアエ。ローマ帝国の政治の要職に政治家を排して、プロレスラー、ダンサー、俳優、夜の商売人たちを用いて、反乱軍に殺されたヘリオガバルス。キリスト教を最後に裏切った皇帝ユリアヌス。そしてネロ。キリスト教の二元論的世界の中で、これらの挫折した一元論的闇の光は、皆こぞって現代日本に上陸したのではないか。

もしすべての地球上の言語を生み出す原言語というものが存在するとするならば、それは歴史の始まりに、父声母声を融合する声なのではないか。そこにわが国の存在理由があるのではないか。日本は戦争大国にもなり得ない。経済大国にもなり得ない。外交は超下手である。何の取り柄もない。国際感覚の駆け引きができず、正直で、おとなしく、あるのはただそこに「居る」という存在力だけである。しかしこの櫻の国が地球の中から消滅するならば、宇宙の均衡はすべて崩れ去るであろう。櫻の国日本は開国以来「革命」だけを生きている国である。それは文字道理「命」を「革《あらため》」つつ、「国」が歩いている道が腐った命なのか鮮度を保った命なのかを見極めつつ、一五声の父声、五声の母声から生まれる七五声が人間を通して宇宙創造の「革命」を実践している。この道の途上で天皇は神話存在としては「神皇」、地に降臨してからは「人皇」、ポツダム宣言を受託して後、「人」になった。いつか日本が「天皇は人である」という「否定性の原理」に気付き、その結果「天皇」を象徴とする民主国家を消滅させることを大半の日本人が望むなら、日本国は文字通り「共和国」になればいい。しかし高橋巖はこの対話の中で繰り返し、「天皇」に真の人権が与えられるべきである、と述べている。象徴存在として、一切の政治的な発言、文化的な発言、人間的な発言が許されず制限を設け続けるならば、象徴天皇制を廃止すればいい。「人」としての天皇は「人権」を国民とともに生きる権利がある。

神権制

王権制

人権制

日本人はこの三つの地上の制度を、一度、聖霊の三位一体に基づくヨアキム的な歴史感覚に引き戻して見直さなければならない。かつて自民党政権時代に鳩山一郎は「友愛」という言葉を、意識はすることなく、そこまで引き伸ばして用いていたと思う。それは神権制、王権制、人権制における神・王・人には、一切のヒエラルキア的な理念が介入してはいないという意味において。

「神」とは、天において自由・平等・友愛を実践している存在であり、「王」は地において、自由・平等・友愛を実践している存在である。そして「人」とは自我において、自由・平等・博愛を実践している存在である。神においても、王においても、人においても、その三つの理念の内容は全く変化してはいないのである。否、さらに深められ、強度を増してゆくものである。しかし、「理念」の形式は全く異なっている。「神権」は天界において無から創造された「能動性」の所産である。王権神授説とはヨーロッパにおいては王の正当性を意味する言葉であるが、ここにおいて、王の権力は、神によって「与えられたもの」「受動性」の所産である。それでは同じように「人権神授説」と言いえるのであろうか。人権は受動性のものではなく、「能動性」の所産である。しかしそれは天界の「能動性」ではなく、地において働く「能動性」なのである。今日を仮に、聖霊の時代であるとするならば、この時代に働く能動性が受動性によるものか能動性によるものかを見極めるのは極めて困難である。しかしそれは、人類史全体を貫いて俯瞰したとき決定的な意味を持つ。

高橋巖が日本に人智学の思想が本格的に入ってくる以前に、ヨアキム主義の聖霊の時代を『神秘学序説』において、徹底的に霊的弁証法として述べた理由がここにある。はっきり言ってしまえば、シュタイナーのテキストの翻訳は重要であるが、この作業が根幹なのであろう。確かに日本に、ローマ帝国の光と闇、一元論と二元論の戦場が再受肉したと思う。しかしその戦いは日本においては、戦いではなく、外においては対立する思想の融合、内においては悪と善、光と闇の一個体の中における融合である。それはこの日本において、エメサ神殿の「有機的鉱物」が自我を獲得するということであろう。その意味で、彼が人智学に出会うより以前の修士論文「ノヴァーリスにおける個体主義の成立」を書いた意味は極めて大きいが、さらに一九五〇年、二十二歳のときの、慶應義塾大学文学部史学科卒業論文として書かれた「獨逸浪漫主義国家観の研究」とあわせてこの二論文を読むと、一種の驚きを禁じ得ない。まだヨアキムの思想にすら出会っていない、二十歳代の青年の生きている魂の中に、この革命の思想が醸成されているということに……。彼はノヴァーリスを論じたのではなく、自分の中にあのノヴァーリスの魂を見い出したのであろう。彼は「私たちは、民族になるべきである。完全な人間は小さき民族である。真正の民族性は人間の最高の目標である」と、浪漫主義的国家観の中で述べた。「小さき民族」である個体が、新しい民族を生む。その時、聖霊の時代に働く自由・平等・博愛は初めて、人間の自我の最奥の「無」の中からのみ誕生する。

＊

最後に、この対話を原稿化してくれた笠井禮示さんに、また編集出版に尽力してくれた現代思潮社新社の寺本佳正さんに感謝いたします。

高橋 巖（たかはし いわお）
東京・代々木生まれ。ミュンヘンでドイツ・ロマン派美学を学ぶなか、ルドルフ・シュタイナーの思想と出会う。1973年まで慶應義塾大学で美学と西洋美術史を担当。その後シュタイナーとその思想である人智学の研究、翻訳を行う。著書に『シュタイナー哲学入門』(岩波現代文庫)、『シュタイナーの人生論』（春秋社）、訳書にシュタイナー『神智学』（ちくま学芸文庫）、シュタイナー『ニーチェ── みずからの時代と闘う者』（岩波文庫）その他多数。

笠井 叡（かさい あきら）
1943年生まれ。1960年代に大野一雄、土方巽に出会い、舞踏家として活動を始める。1971年に天使館を設立、多くの舞踏家を育成する。1979-85年ドイツに留学し、ルドルフ・シュタイナーの人智学、オイリュトミーを研究。2001年初演「花粉革命」は代表作として世界各都市で上演を果たす。ソロ作品の他、ジャンルを超えたアーティストとのコラボレーションにも積極的に取り組んでいる。著書に『天使論』『聖霊舞踏』『金鱗の鰓を取り置く術』（以上、現代思潮新社）、写真集に『透明迷宮』（平凡社）、『銀河革命』（現代思潮新社）などがある。

戦略としての人智学

2021年 10月 30日 初版第 1 刷発行

著　者　高橋 巖＋笠井 叡

装　幀　町口 覚

発行所　株式会社現代思潮新社

〒 112-0013　東京都文京区音羽 2-5-11-101
電話　03-5981-9214　FAX　03-5981-9215　振替　00110-0-72442
URL: http//www.gendaishicho.co.jp/　E-mail: pb@gendaishicho.co.jp

印刷・製本　モリモト印刷株式会社

落丁・乱丁本はお取り替えいたします。

 ISBN 978-4-329-10012-2
定価はカバーに表示してあります。

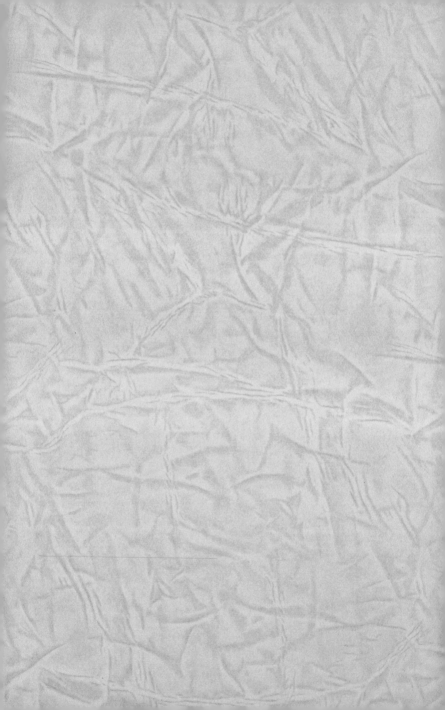